内山興正

【改訂版】いのちの働き

知事清規《ちじしんぎ》を味わう

大法輪閣

まえがき

日本の過去に「道元」という偉大な人が存在したということが、その主著、正法眼《しょうぼうげん》蔵《ぞう》の名とともに近頃大いに知られてきたことは、大変嬉しいことだと思います。しかしこの道元禅師のもっともいきいきした根本精神は、同じくその著である永平清規《えいへいしんぎ》とともに見られなければなりません。これは一口にいえることではありませんが、大体として正法眼蔵が、坐禅の哲学思想的な面が書かれているのに対して、永平清規は、坐禅する人の実際生活そのものについて具体的に教えられている、稀《まれ》にみる宗教書というべきだからです。その点、私は長年、この永平清規の現代的意味を世に紹介したいと念願し、まず、この永平清規中の『典座教訓《てんぞきょうくん》』について、私なりに味わうところを書いて『人生料理の本』という一書にまとめ、先に曹洞宗《そうとうしゅう》宗務庁出版課より刊行いたしました。

次にまたこの、永平清規中の『知事清規《ちじしんぎ》』について、安泰寺《あんたいじ》の日曜参禅会で提唱《ていしょう》しましたところ、この提唱を私の弟子である関口道潤《どうじゅん》が、これをテープにとり、テープから原稿にまとめてくれました。いまこれをよんでみると、話の性質上、私みずから筆をとって書くよりは、提唱の話をそのまま原稿にした方がいきいきしている点もあるので、ここにいくらか筆を入れて一書としてまとめ刊行することにいたします。

ところでこの知事清規という本は、大体、叢林《そうりん》の知事《ちじ》（幹部級の役職）につく人の心得が書いてある本です。叢林とは、出家修行者たちが集まって実際に修行する道場のことですが、その昔には叢林がさかんであって、中国では何千人という人が集まる叢林も少なくなかったようです。してみればこの叢林を実際に運営してゆく主だった役職の人たちの苦心も大変だったに違いないし、同時にこれらの役職をつとめあげることは、実際の生きた修行の場でもなければなりませんでした。

それでこの知事清規という本の全体構造としては、まず前半には古来禅門の英傑たちが実際にいろいろな主だった役職についているとき、その役職のなかにどんな修行をしてきたか、あるいはその修行力量をその役職の上にどんなふうに働かせたか、などという具体的な例を引いて、大変興味深く書かれてあります。

これに対し後半には、叢林の実際上の幹部（知事）である監寺《かんす》、維那《いのう》、典座《てんぞ》、直歳《しっすい》と名づけられる役職の一々について、まず古来の禅苑清規《ぜんねんしんぎ》の文を引用して、その根本精神を知らしめ、次に道元禅師みずからの文で、これらの役職につく人が叢林内で起こりうる一々の事に当たってどう処理すべきか、実に細部にわたって書かれてあります。

問題は実にこの後半の部分なのであって、私は安泰寺の日曜参禅会においては全部にわたり提唱したわけですが、いまこれを一冊の本とする場合、これを全面的に含めてしまえば、あまりにも現代の世間から無関係に、叢林の話となってしまい、そのため、この知事清規という本の現代性を、現代社会のなかに紹介したいと願う私の意図は、ふたたび出家者ばかりの叢林という特殊生活の話のなかに、埋没してしまうように思うのです。もちろんこの後半もつぶさに深く味わえばいよいよ現代のわれわれの実際生活のなかに活かされねばならぬ話ばかりなのですが、それにしても原文には、現代生活とは程遠い叢林生活用語があまりにも多く出てきすぎるので、したがってその字句の説明が多くならざるをえず、現代一般の人々にこれらを抵抗なしによんでいただくことは、到底不可能だと思わずにはいられません。

それでいまは後半のうち、道元禅師が監寺《かんす》の根本精神をのべられる段のところまでの提唱とすることにいたしました。いつかまたこの残り部分の提唱も、「続」として刊行する時期もあるかもしれませんが、いまはかえってここでうち切った方が、実際に現代一般の人々によみやすい本となり、そのことによって知事清規を現代に紹介したいと願う私の意図もとげられるであろうと信ずるからであります。

それにしてもこれを原稿としてまとめた上、また字句の註釈などをくわえてくれた関口道潤の労作を多とする次第です。先の『人生料理の本』（典座教訓にまなぶ）とともに、この本が世間の人によまれて、いささかなりとも道元禅師永平清規の現代的意味を世に紹介させていただくことができたとしたら、私としては大変幸いに思うところであります。

内山　興正

【目　次】

装丁：山本太郎

坐禅人の生命の群像——永平知事清規

道元禅師の永平清規《えいへいしんぎ》のなかには『典座教訓《てんぞきょうくん》』『辦道法《べんどうほう》』『赴粥飯法《ふしゅくはんぽう》』『衆寮箴規《しゅりょうしんぎ》』『対大己五夏闍梨法《たいだいこごげじゃりほう》』『知事清規《ちじしんぎ》』の六つがある。そのなかで『典座教訓』と『知事清規』が一番長い。

『典座教訓』は台所で料理することの訓《おしえ》。『辦道法』には修行僧の僧堂においての生活の仕方が書いてあり、『赴粥飯法』というのはお粥やご飯に赴《おもむ》くの法ということで、ご飯の食べ方。『衆寮箴規』というのは、僧堂のほかに衆寮というのがあって、修行僧がそこにいるときの心がまえが書いてある。

『対大己五夏闍梨法』というのは、すでに夏安居《げあんご》を五夏《ごげ》も通りこした、いわゆる先輩の坊さんに新到《しんとう》の人が対する法です。

『知事清規』の知は「つかさどる」という意味。昔から禅寺（叢林《そうりん》）には六知事というのがあって、それは都寺《つうす》・監寺《かんす》・副寺《ふうす》・維那《いのう》・典座《てんぞ》・直歳《しっすい》で、別に首座《しゅそ》・書記《しょき》・知蔵《ちぞう》・知浴《よく》・知客《しか》・知殿《ちでん》の六頭首《ちょうしゅ》があります。しかしもともと叢林には五十三の配役があるといわれ、この配役のなかでも主なものが六知事であり、六頭首であるわけです。本来修行者としては皆んな同列なんですが、叢林は一つの生命体であり、この叢林のなかでは、各々の配役をもって行動するのです。

人間の身体でいうならば、目は目の配役、鼻は鼻の配役、耳は耳の配役、手は手の配役、足は足の、臍《へそ》は臍の配役をしているわけですね。ところが「臍は大先輩みたいな顔をして何もしないでいる」といって、足や手が臍をふくろ叩きにしてやろう……。そんなことをしたって手柄にはならない。臍は臍の配役があるんだし、目には目の配役があるんだし、足には足の配役がある。それを足が「目の奴は上の方にくっついていて偉そうにしている、それなのにオレはいつも下の方で踏んづけられている」といって大いに憤慨して、目のいうことをきかないで足が勝手にかけだしたら自動車にひかれてしまう。目がストライキを起こしても困るんだし、足がストライキを起こしても困る。目は目、足は足と、すべてがその配役において生きた行動をすることによって、生命体が順調にゆくわけです。

ところがこの頃アメリカでもって女性解放のストライキを起こしているんだそうだけど、それで日本人の女性もそのマネをして、「それじゃわれわれも」というところが面白い。まるで日本の女性の知能指数の低さを証明したようなものです。男と女というけれど、もともとこれは配役なんだから、男は男の配役をしたらいいし、女は女の配役をしたらいいんだ。

それをまあ、アメリカの社会ではそれ相応の事情があってアメリカの女性がストライキを起こしたのかも知れない。それはそれで結構だ。

ところがそれを「アメリカでやったから是非ともわれわれもやらなければ……」というところが、まさに日本の女性の知能の低さだね。それでもって男女同権にして、女にも立小便させせろといったってそれでどうなのか……。大体、男と女とは構造が違うんだから、男は男なりに、女は女なりに、そのあり方を働く方が大切だ。その辺が配役として行動する、事《こと》を知《つかさど》るということです。

いまわれわれの叢林でもいろいろな役割があり、その役割を働くことを書いたのがこの知事清規です。知事とはもともと六知事のことをいうのだけれど、もっと広い意味にとったら、どんな配役についても、その配役を精一杯に働くということが大切で、この知事清規の話にはそうしたことが書いてあるわけです。

この頃は世間の学者たちが「道元禅師、道元禅師」と、もてはやすような時代になって、大いに正法眼蔵《しょうぼうげんぞう》がよまれるようになったんで、これは結構だと思う。しかしそういう学者たちのなかには「道元禅師という人は清廉潔白のコチコチで融通のきかないヒステリックな人だ」なんて――。実際にそういうことを書いた学者の文章をよんだことがあるけれど、そんなことをいう学者連中はせいぜい道元禅師のざっとした伝記と正法眼蔵の一部ぐらいしかよんでいないんじゃないかと思う。ところが『典座教訓』やこの『知事清規』なんかをよくよんでみると、どうしてどうして、いまの学者たちの考える道元禅師とはガラッと変わって、まったくいきいきとした融通無礙《ゆうずうむげ》の人間像が現われていることが分かるんだ。

何んのために修行するのか——難陀尊者《なんだそんじゃ》の発心《ほっしん》

『知事清規』には〝生きて働く〟人間像が書いてあるといいましたが、そんなわけでこの本の初《しょ》っ端《ぱな》に難陀尊者の話が出てくるのです。これが漢文で書いてあるので、ちょっと現代人のわれわれにはよんですぐピンとこないけど、これを現代に当てはめてみるとまったく現代人のいかれポンチと同じことが書いてあるので面白いです。

知事は貴にして尊たり、須《すべか》らく有道《ゆうどう》の耆徳《ぎとく》を撰《えら》ぶべし。其の例。如来の俗弟難陀《なんだ》、知事に充《あ》たって阿羅漢《あらかん》を証す。胎蔵経《たいぞうきょう》に云《いわ》く、世尊迦毘羅城《かびらじょう》に在《いま》す。仏、難陀の受戒の時至れるを知《しろ》しめして、門に至りて光を放ちて一宅を照らしたまふ。難陀云く、必ず是れ世尊ならんと。使《つかい》をして看《み》せしむるに果して是れ世尊なり。難陀自ら看《まみ》えんと欲す。婦云く、若《も》し出でて看ゆることを許さば必ず出家せしめんと。即ち其の衣《え》を牽《ひ》く。難陀云く、少時《しばらく》もせば還《かえ》らん。婦云く、湿額《しつがく》未だ乾かざるに須《すべか》らく還るべしと。答ふ、所要《しょよう》の如くすべしと。仏、鉢《はつ》を取りて飯を盛らしむ。飯を盛りて出づれば、仏已《すで》に去る。阿難《あなん》に与ふるに、阿難言く、誰《た》が辺《へん》にか鉢を得る。答へて言く、仏辺《ぶっぺん》に鉢を得たり。阿難言く、還《ま》た送って仏に与へよと。難陀即ち往《ゆ》いて鉢を送りて仏に与ふ。

註　**有道の耆徳**――力量もあり、老成して徳の高い人。**難陀**――Nanda、釈尊の異母弟。**阿羅漢**――arhat、小乗仏教修行者の極果で、応供《おうぐ》、殺賊、無生《むしょう》と訳す。応供とは供養に応ずる資格のある人。殺賊は煩悩の火を断じた人。無生とは再び迷界に生まれない極果の謂《いい》。また無学ともいう。**迦毘羅**――Kapilavatu、釈尊の父浄飯王《じょうぼんおう》の治める街。現今のネパール辺。**阿難**――Ānanda、釈尊の従弟《いとこ》で、出家して仏の十大弟子の一人となった。

これは、お釈迦さんの出家する以前の肉親の弟が知事に充《あ》てられて、阿羅漢果《あらかんか》を証したという話です。

『胎蔵経《たいぞうきょう》に云《いわ》く、世尊迦毘羅城《かびらじょう》に在《いま》す』――お経にこういうことが出ている。お釈迦さんは、悟りを開いてから初めて迦毘羅城に帰られた。そこでお父さんの浄飯王《じょうぼんおう》は、大いに歓待するつもりでご馳走をつくって待っていた。ところがお釈迦さんは、「托鉢《たくはつ》こそ修行者としての法なんだから……」ということで、迦毘羅城の町を托鉢しながらやって来た。これには浄飯王も困ってしまった。それだけじゃない。お釈迦さんは迦毘羅城に入ったと同時に、たくさんの王宮の人たちを頭を剃《そ》らせて出家させてしまった。しかし仏さんの弟である難陀は容易に出家する男じゃなくて、「誰が出家なんかするものか」と頑張っていた。それなのに『仏、難陀の受戒《じゅかい》の時至れるを知《しろ》しめして、門に至りて光を放ちて一宅を照らしたまふ』——難陀は「何んで坊主になんかなるものか」と頑張っているので、初めは放っておいたんだけど、しばらくたって「もうそろそろ難陀も仏弟子になる機運が熟したな」とお釈迦さんは見てとって、難陀の御殿の門に到って、明るい光を輝かしたという。

『難陀云く、必ず是れ世尊ならんと。使《つかい》をして看《み》せしむるに果して是れ世尊なり。難陀自ら看《まみ》えんと欲す』——まあ少なくともわれわれの托鉢だったら、「ホー、ホー」とやっていって、「あっ！　あの声はお釈迦さんじゃないだろうか」というところですね。自分の兄である世尊が見えたんだから「自分が行って供養しなければ……」と思って行こうとした。『婦云く、若《も》し出でて看ゆることを許さば必ず出家せしめんと』——難陀には孫陀利夫人《そんだりぶにん》という新婚早々の別嬪《べっぴん》の奥さんがいた。難陀が外へ出ていこうとするものだから、孫陀利夫人は「もし出ていかせたら坊さんにさせられちゃうかも知れない」と思って『即ち其《そ》の衣《え》を牽《ひ》く』

——まあ「いっちゃイヤーン」といったわけだ。

『難陀云く、少時《しばらく》もせば還《かえ》らん。婦云く、湿額《しつがく》未だ乾かざるに須《すべか》らく還るべし』——漢文で書いてあると、すべてがぎこちなくなる。難陀が「すぐ帰ってくるからな」といったら、孫陀利は「このお化粧が乾かないうちにきっと帰ってきて頂戴ね」とこういってるんですね。

『答ふ、所要《しょよう》の如くすべし』――「ああ、すぐ帰ってくるからね」と――。

『仏、鉢《はつ》を取りて飯《はん》を盛らしむ』――難陀が出ていったら、仏さんは鉄鉢《てっぱつ》をわたした。この鉢というのは、昔はみんな鉄鉢だったんですね。ところが日本に入ってくる頃には、これがご飯をお釜から移すいわゆるお鉢《はち》と、片方はわれわれの応量器《おうりょうき》（木鉢）との二つに分かれたと思う。いまの南方の鉢でもこんなに（手を肩幅まで広げて）大きいでしょう。それに「ご飯を盛ってこい」といってわたしたわけだ。それで難陀は『飯を盛りて出づれば、仏已《すで》に去る』――ご飯を盛って出ていったら、もうお釈迦さんはとっとと行っちゃっている。

『阿難《あなん》に与ふるに、阿難言く、誰《た》が辺《へん》にか鉢を得る』――しょうがないんで、そこへ通りかかった阿難尊者に鉢をわたそうとした。阿難は難陀の従弟《いとこ》だから、「これをお釈迦さんにあげてくれ」とわたそうとしたら、阿難は「この鉢は誰から受取ったんだ」という。『答へて言く、仏辺《ぶっぺん》に鉢を得たり。阿難言く、還《ま》た送って仏に与へよ』――難陀が「仏さんから受取ったんだ」というと、阿難は「それじゃあ、これは直接仏さんにわたさなければいけないんだ」という。そこでしょうがない、『難陀即ち往《ゆ》いて鉢を送りて仏に与ふ』――仏さんを追っていったら、仏さんはどんどん歩いて、とうとう精舎《しょうじゃ》（お寺）まで行ってしまった。

仏、剃頭《ていず》せしむ。剃者《ていしゃ》に語《つ》げて言はく、刀を持《じ》して閻浮提王《えんぶだいおう》の頂《いただき》に臨《のぞ》むこと勿《なか》れと。

又念ずらく、旦《あした》には世尊に順《したが》ふとも、暮《くれ》には当《まさ》に帰り去るべしと。仏、其の念を知《しろ》しめして大坑《だいきょう》を化作《けさ》す。如《も》し其の命終るとも何ぞ帰ることを得ん。

註　閻浮提王――閻浮提は須弥山《しゅみせん》を中心とする四洲の一で、南に位するから南閻浮提《なんえんぶだい》ともいう。ここでは単に国王の意。

『仏、剃頭《ていず》せしむ』――難陀が精舎に行って鉢をわたしたら、仏さんは「せっかくこの精舎までついて来たんだから頭を剃ってやれ」といった。これは大変なことになった。『剃者《ていしゃ》に語《つ》げて言はく、刀を持《じ》して閻浮提王《えんぶだいおう》の頂《いただき》に臨《のぞ》むこと勿《なか》れ』――難陀という男は、孫陀利の前では甘っちょろい顔をしているけど、いったん世尊の前に出ると恐縮。ところが今度は、頭を剃りに出てきた人には、「オレはばかりながら閻浮提の王だぞよ。髪剃《かみそり》でもってオレの頭に臨んではいけないぞ」と、とたんに威張るところ、いかにも現代人と同じだ。ここでは「オレは偉いんだぞ」といって大いにカッコウをつけたわけだ。

『又念ずらく、旦《あした》には世尊に順《したが》ふとも、暮《くれ》には当《まさ》に帰り去るべしと』――世尊、つまりお釈迦さんは非常に堂々としていて、他人《ひと》に勝手なことをいわせない。私なんかだったら、誰でも気軽に勝手なことがいえるけど、お釈迦さんとなるとそうでない。弟の難陀でさえも

「私、帰りたいんです。孫陀利が待ってます」そんなことといえないんですね。それでまあしょうがない、ひそかに逃げだそうと思っていたわけだ。ところが『仏、其の念を知《しろ》しめして大坑《きょう》を化作《けさ》す』――神通力でお堀でも作ったんでしょう。『如《も》し其の命終るとも何ぞ帰ることを得ん』――もう到底、帰れないような状態にしてしまった。

仏、阿難に告げたまひて難陀を知事《ちじ》と作《な》す。阿難、仏語を伝ふ。難陀言く、知事とは何ぞや。阿難曰《いわ》く、寺中《じちゅう》に於《お》て検校《けんぎょう》す。問ふ、何の所作《しょさ》かある。答ふ、諸《もろもろ》の比丘《び》乞食《くこつじき》し去らば応《まさ》に掃地灑水《そうちしゃすい》し、薪《たきぎ》を取り牛糞《ごふん》を除き土を浄め、失落《しつらく》を防守し、僧の与《ため》に門戸等を閉づべし。晩に至りて当に門を開き大小便処を掃灑すべしと。僧去って後、僧の為に門を閉ぢんと欲す、西を閉づれば東開き、東を閉づれば西開く等なり。念じて曰く、縦《たと》ひ失落有りとも我《われ》王と為《な》らん時、更に百千の好寺《こうじ》を造ること今日に倍せんと。即《すな》便ち家に還《かえ》る。大道《だいどう》より行かば、仏の還りたまはんことを恐れ、乃《すな》ち小道よりす。仍《よ》って仏の帰りたまふに逢ふ。樹の枝に隠る、風吹いて身現る。仏問ひたまふ、何が故にか来る。答ふ、婦を憶《おも》ふと。仏却《ま》た将《ひき》ゐて城を出で鹿子母園《ろくしもおん》に至る。

そこでお釈迦さんは阿難に向かって「難陀に一つの配役を与えろ」といった。『阿難、仏《ぶつ》語《ご》を伝ふ。難陀言く、知事《ちじ》とは何ぞや。阿難曰く、寺中《じちゅう》に於《お》て検校《けんぎょう》す』――検校というのは「検校《けんぎょう》」の意味で、検とは取調べる、校とは考えることで、つまり寺のなかを調べ、寺のことを考えるという意味。

『問ふ、何の所作《しょさ》かある。答ふ、諸《もろもろ》の比丘《びく》乞食《こつじき》し去らば応《まさ》に掃地《そうち》灑水《しゃすい》し、薪《たきぎ》を取り牛糞《ごふん》を除き土を浄め』――「一体、何んの仕事をするのか」と訊いてみたら、まあ留守居役という配役だね。皆んなが托鉢に行ったら水を撒《ま》いて、薪を採って、牛糞を除き――インドというところは、この頃から牛が多かったとみえる。それできっと寺のなかまで牛が入ってきて糞でもたれるんでしょう。その糞を掃除して、また乾かして焚物にしたりするらしいからね。『失落《しつらく》を防守し』――寺のなかのものをなくさないように、盗まれないように、『僧の与《ため》に門戸等を閉づべし』――用心よく戸締りしろというんですね。そして『晩に至りて……』――皆んなが帰ってくる時分には門を開いて、便所を綺麗に掃除する。結局、留守居をよくしろということです。

『僧去って後』――そこでいよいよ配役について、坊さんたちは皆んな托鉢にでかけて行ってしまったわけだ。『僧の為に門を閉ぢんと欲す、西を閉づれば東開き、東を閉づれば西開く等なり』――難陀は一所懸命に門を閉めようとするんだけど、片方を閉めると片方が開いてしまう。これは世尊の神通力がかかっているからしょうがない。『念じて曰く、縦《たと》ひ失落有りとも我《われ》王と為《な》らん時、更に百千の好寺《こうじ》を造ること今日《こんにち》に倍せんと。即便《すなわ》ち家に還《かえ》る』――いくら閉めようとしても開いてしまうもんだから「もう勝手にしろ」というわけですね。そこで思ったのは「いまはたとえ寺のなかのものが盗まれたとしても、オレが王様になったときは、こんな寺よりももっといい奴をたくさん造ってやる。だからいまは、ともかくも帰ろう……」。

そこで『大道《だいどう》より行かば……』――表門から出ていったらきっとお釈迦さまに逢うだろうから、『乃《すなわ》ち小道よりす。仍《よ》って仏の帰りたまふに逢ふ』――ところが裏口から出ていったら仏さんの帰ってくるのに出逢った。「わあ、大変！」、そこで『樹の枝に隠《かく》る』。そしたら『風吹いて身現る』――。

『仏問ひたまふ、何が故にか来る』――「お前は留守居の配役だったのに、何んだっていま時分こんなところにいるのか」といわれてしまった。『婦を憶《おも》ふ』――もうしょうがない、本音を吐いたわけだ。「孫陀利が恋しいんです。いま時分は何をしているかと思うと、へえ……」。『仏却《ま》た将《ひき》ゐて城を出で鹿子母園《ろくしもおん》に至る』――お釈迦さんは「そうか」といって、今度は鹿子母園に連れていった。鹿子母園というのは祇園精舎《ぎおんしょうじゃ》の近くにあった公園で、これはその当時、鹿子長者《ろくしちょうじゃ》という人がいて、その人は奥さんの因縁でもって仏さんの弟子になったので、鹿子長者はその奥さんのことを「吾が母である」といった。そこでその奥さんのことを鹿子母といって、鹿子長者と奥さんが造った公園を鹿子母園というのですね。お釈迦さんは難陀をそこへ連れていった。

仏問ふ、汝曽《なんじかつ》て香酔山《こうずいせん》を見るや不《いな》や。答ふ、未だ見ず。仏、衣角《えかく》に投じて飛ばしめ、須臾《しゅゆ》にして山を見せしむ。山上に果樹有り、樹下《じゅげ》に雌獼猴《しみこう》の一目《いちもく》も無く焼かれたるもの有り。竟《つい》に仏問ふ、天と如何《いか》ん。答ふ、天は無欲なり、何ぞ此に比することを得ん。問ふ、汝天を見るや不《いな》や。答ふ、未だ見ず。仏、衣角に投じて尋《つ》いで三十三天に至らしむ。遊観《ゆかん》して歓喜園《かんぎおん》に至りて綵女《さいにょ》を見、交合園《こうごうおん》等を見、種種の音声《おんじょう》を見《き》かしむ。一処《いっしょ》に天女《てんにょ》の夫《ふ》無きもの有り。仏に問ふ。仏、天に問はしむ。天答ふ、仏の弟難陀、持戒《じかい》せば、此に生まれて当《まさ》に我が夫と為《な》るべしと。仏、難陀に問ふ、孫陀利《そんだり》と何如《いずれ》ぞ。答ふ、天を孫陀利に比すれば、孫陀利を以て瞎獼猴《かつみこう》に比するが如し。仏の言《のたま》はく、梵行《ぼんぎょう》を修《しゅ》すれば斯《こ》の利あり、汝今持戒せば当に此の天に生ずべしと。時に仏、共に逝多林《せいたりん》に還る。時に難陀天宮《てんぐう》を慕ふて梵行を修す。

註　香酔山——大雪山《だいせっせん》（閻浮提《えんぶだい》の中央とされる）の北にある山。　三十三天——忉利天《とうりてん》の訳、欲界の第二天にて須弥山《しゅみせん》の頂上に在り、中央を帝釈天《たいしゃくてん》として、四方に各八天あるので三十三天となる。

歓喜園天は帝釈宮のある喜見城天の北方にある天で、極妙の境界にして諸天の共に遊戯するところとされる。

梵行——梵は清浄《しょうじょう》、寂静《じゃくじょう》の義にして離欲清浄の行をいう。

『仏問ふ、汝曽《なんじかつ》て香酔山《こうずいせん》を見るや不《いな》や』——この香酔山というところには諸々の匂《にお》いのする香木がたくさんあり、その香気を嗅ぐと皆んな酔っぱらうという。ネパールは麻薬だとかLSDだとかが満ち満ちて、店ではタバコと同じように売っているという話も昔はあったけど、あそこら辺が香酔山に当たるんだろう。『答ふ、未だ見ず。仏、衣角《えかく》に投じて飛ばしめ、須臾《しゅゆ》にして山を見せしむ』——衣角というのはお袈裟の一角ですね。それをホッと頭にかけると、そのなかでもう香酔山が現われた。『山上に果樹有り、樹下《じゅげ》に雌獼猴《しみこう》の一目《いちもく》も無く焼かれたるもの有り』——香酔山の山の上に果物の樹があって、その下で一匹のメス猿が目までも焼けただれているのが見えた。ちょうど原爆か何かにやられたような恰好してたんだろう。『天と如何《いか》ん』——そんなボロボロのメス猿を見せて「天女と比較したらどうだ」と訊いた。そしたら難陀は『天は無欲なり、何ぞ此に比することを得ん』——天といえば何んでも充たされているところだから無欲という。それに対して、いまの焼けただれて目さえ失ったメス猿とは「それは比較になりませんよ」と答えた。

『問ふ、汝天を見るや不《いな》や』——そこでお釈迦さんは「そんなことを簡単にいうけど、お前は天を見たことがあるのか」と訊かれた。『未だ見ず……』――「まだ見たことがありません」。そしたらまた、お釈迦さんはホッと衣角を難陀の頭にかけた。たちまちに『三十三天に至らしむ』――今度は天に行ってしまった。『遊観《ゆかん》して歓喜園《かんぎおん》に至りて綵女《さいにょ》を見、交合《こうごう》園《おん》等を見……』――これなんかもいまの時代とちっとも変わらない。いまの時代は天の世界みたいなものだ。観光ホテルへでも行ったら歓喜園だからね。このあいだ東京へ行って友だちに聞いたんだけど、ジャングル風呂というのがあるそうだ。何んでも大きな温泉プールがあって、そのなかに熱帯植物が植えてあり、まるで熱帯地方へでも行ったみたいなものだ。そしたらなあに、そこに綵女、つまり美人がたくさんいて、皆んな男を抱いていて一組ずつそのお風呂に入っているわけだ。これが歓喜園で交合園ですよ。『種々の音声《おんじょう》を見《き》かしむ』――それで音楽までついているんだ。ジャングル風呂はいまの日本の話だけど、その頃のインドにもそんなのがあったらしい。結局、同じもんだ。時代というのはちっとも変わらない。『一処《いっしょ》に天女《てんにょ》の夫《ふ》無きもの有り』――皆んな男と抱き合っているのに一人だけ綺麗な女の人が相手の男がいなくて淋しそうな顔をしている。まあ難陀という人はすぐそういうことに気のつく奴とみえて、「あれ、これはどういうわけでしょう」と仏さんにxcいた。そしたら『仏、天に問はしむ』――「それは直接訊いてみろ」。そこで難陀は「皆んなまとまっているのに、あなた一人まとまっていないのはどうしたわけですか」と訊《たず》ねた。『天答ふ、仏の弟難陀、持戒《じかい》せば、此《ここ》に生まれて当《まさ》に我が夫と為《な》るべしと』――「いま娑婆世界にお釈迦さんの弟で難陀という人がいらっしゃるのですが、その人がいま持戒なさったら、この天に生まれて私の相手役になることになっているんです」といった。「えっ！　仏の弟？　難陀？　それはオレじゃないか」難陀はギョッとした。『仏、難陀に問ふ、孫陀利《そんだり》と何如《いずれ》ぞ』――まあ、「お前の細君の孫陀利とどうだ」といわれたわけだ。『天を孫陀利に比すれば、孫陀利を以て瞎獼猴《かつみこう》に比するが如し』――「この天女と孫陀利を較べたら、孫陀利とあの目のつぶれた雌猿を較べるぐらいの差がありますよ」と。

『仏の言《のたま》はく、梵行《ぼんぎょう》を修《しゅ》すれば斯《こ》の利あり』――お釈迦さんは「どうだ、お前やってみるか」「ええやります、やります」これが難陀ですね。『仏、共に逝多林《せいたりん》に還る。時に難陀天宮《てんぐう》を慕ふて』――難陀はあの別嬪の天女のところへ行くと決まっているとなると「これは大いにやらなきゃあ……」というわけで、一所懸命に『梵行《ぼんぎょう》を修《しゅ》す』――。

仏、衆僧に告げたまふ、一切難陀と其の法事を同《おなじ》うすることを得ざれと。一切の比丘《びく》、皆与《とも》に同住《どうじゅう》せずして座より起《た》つ。自ら念ずらく、阿難は是れ我が弟、応《まさ》に我を嫌はざるべしと。即《すなわ》ち往《ゆ》いて共に座すれば、阿難も起ち去る。問ふて言く、弟何ぞ兄を棄《す》つるや。阿難言く、然《しか》り、仁《なんじ》が行《ぎょう》は別なるが故に相遣《あいや》るのみ。問ふ、何の謂《いい》ぞや。答ふ、仁は生《しょう》

天《てん》を楽《ねが》ひ、我は寂滅《じゃくめつ》を楽《ねが》ふと。聞き已《おわ》って倍々《ますます》憂悩《うのう》を生ず。

仏さんは弟子たちに「あの難陀は天女のところへ行くために修行しているんだから、一切の法事を一緒にやっちゃあいけないよ」といっておいたもんだから、『一切《いっさい》の比丘《びく》、皆与《みなとも》に同住《どうじゅう》せずして座より起《た》つ』――難陀がそばへ行くと皆んなスーッと起って行っちまう。『自ら念ずらく』――「おかしいな、オレが行くと皆んな立って行っちまう」。そこで『阿難は是れ我が弟（この場合、従弟《いとこ》）、応《まさ》に我を嫌はざるべしと』――「阿難はオレの弟《いとこ》なんだからオレを嫌わないだろう」と思って『即《すなわ》ち往《ゆ》いて共に座すれば、阿難も起ち去る』――阿難もまたスーッと立って行っちまう。「おいおい待ってくれよ、オレはさっぱり分からんな」。そこで『問ふて言く、弟何ぞ兄を棄《す》つるや』――「お前はオレの弟《いとこ》じゃないか、それなのにオレを棄ててどこへ行くんだ。皆んなオレを嫌《いや》がって行っちゃうんだ」『然《しか》り、仁《なんじ》が行《ぎょう》は別なるが故に相遣《あいや》るのみ』――「それはそうだ。あんたの修行というのはわれわれと違うんだ。それだから一緒にそばにいないんだよ」というのですね。

『問ふ、何の謂《いい》ぞや』――「一体それはどういう意味だ、オレにはさっぱり分からない」。ここに出てくる難陀というのは、まったくのいかれポンチで馬鹿みたいな男だけど、これがまあ世間の人ですよ。いまの人は本当にこれと同じだ。『答ふ、仁は生天《しょうてん》を楽《ねが》ひ』――要するに、天に生ずることを願う。仏教でいう天とはこの地球上における上空としての一つの場所ではなく、人間の心理状態として、いい気分のところをいう。だからいい気分になるために修行している。『我《われ》は寂滅《じゃくめつ》を楽《ねが》ふ』――「私はそういう気分の問題でないところを修行している」。ところが難陀よ、お前はいい気分になろうと思ってやっているんだから、そこが違うんだ」。寂滅というのは気分をやめること。難陀はそれを『聞き已《おわ》って倍々《ますます》憂悩《うのう》を生ず』――それで難陀は悩んだんだね。

仏又問ふ、汝捺落迦《ならか》を見るや未《いま》だしや。答ふ、未だ見ず。衣角《えかく》に投じて便《すなわ》ち諸獄《しょごく》を見せしむ。皆治人《みなちじん》有り、有る処に人無し。仏に問ふ。仏、獄卒《ごくそつ》に問はしむ。獄卒答へて言く、仏の弟難陀、天に生ぜんが為の故に修行す。暫《しばら》く天上に在りて此の中に還《かえ》り来《きた》って苦を受けんと。難陀懼《おそ》れて涙下《くだ》ること雨の如し。仏に白《もう》して其の事《じ》を述ぶ。仏言《のたまわ》く、天の楽の為に梵行を修《しゅ》すれば是の過《とが》有り。仏与《とも》に逝多林《せいたりん》に還りて、広く為《ため》に胎相《たいそう》を説きたまふ。難陀因《よ》って始めて発心《ほっしん》し、解脱の為の故に持戒して、後に阿羅漢果《あらかんか》を得たり。

註　捺落迦――naraka、地獄の別名。　獄卒――地獄の士卒、つまり番人のこと。

『仏又問ふ、汝捺落迦《ならか》を見るや未《いま》だしや』――仏さんが「難陀、お前は地獄を見たことがあるか」と訊いた。『答ふ、未だ見ず。衣角《えかく》に投じて便《すなわ》ち諸獄《しょごく》を見せしむ』――そこでまた、仏さんはお袈裟の角をホッとかぶせた。お袈裟をかぶったら、そこに地獄がまざまざと現われた。

『皆治人《みなちじん》有り』――治人とは治罪人のことで、罰を受けて苦しんでいる人。例えば針の山に追上げられている人、釘のたくさんついた棒でもって殴られている人、また大釜のなかで煮られている人と、いろいろな姿ですね。日本のお寺にもよく地獄の絵があるけど、あれですよ。ところが『有る処に人無し。仏に問ふ』――難陀は「ほほう、ここばかりは釜を一所懸命たいて煮えくりかえっているのに、誰も入っていない……」。そこで難陀は仏さんに訊ねた。「ここのところは誰も罰を受けている人がいませんが、どうしたわけでしょう」。『仏、獄卒《ごくそつ》に問はしむ。獄卒答へて言く、仏の弟難陀……』――獄卒は「うんこの釜か？　この釜はな、裟婆世界に仏の弟で難陀という助平野郎がいてな、それがいま天に生ずるために修行している。いまは持戒しているから、いったんは天に生じて天女と一緒になって、一時はいい気分でいられるかも知れないが、その生が尽きると、今度はここへドボーンと落ちてくる。オレはいまからその用意をしているんだ」という話です。『難陀懼《おそ》れて涙下《くだ》ること雨の如し』――そこで難陀は「ああなさけない」と雨のように涙を流した。『仏に白《もう》して其の事《じ》を述ぶ。

仏言《のたまわ》く、天の楽《らく》の為に梵行を修《しゅ》すれば是《こ》の過《とが》あり』――こういうことですね。

漢文でよむと話がぎこちなくなるから、少しわれわれの生活に当てはめてよんだわけですが、とにかくいまの話で、味わうべきものは、まず焼けただれた目の見えないメス猿と孫陀利を較べるということです。いま難陀は孫陀利という別嬪の細君をもっているつもりなんだが、そこに今度はそれ以上に美しい天女が現われた。この三つをならべているのが、まずこの文章の面白いところと思うのです。大体お経というのは有難いことばかり書いてあると思っているけど、こういう話を書いたお経もあるわけだ。渡辺照宏さんの『お経の話』（岩波新書）という本に書いてあったけど、人生百般のなかでお経に出てないものはないという。確かにそうだと思う。人生百般あらゆることが何んでも書いてある。とにかくいまの銀河系宇宙やら島宇宙の話に似たことが書いてあるかと思うと、いまの日本のいわゆる堕落した社会の様子も書いてある。その点、キリスト教の聖書というのは小じんまりまとまっているので、われわれの生きてゆく上でいつでもこの聖書一つ見れば非常に便利のようだけど、仏教のお経はそうじゃない。そこ（安泰寺の図書室）にもあるように活字でびっしり書いて一万何千巻。そのなかには本当に何んでもある。そしてこの人生百般のなかで、いまの話はいわゆるわれわれの男女問題でも、別嬪の細君を得たいということで比較し始めたらもうきりがないという話ですね。われわれは、いったん目を外へ向けて一つの価値判断をし始めたらもうきりがない。

大体、男の心理状態というのは変なもので、一人の女と結婚すると、どうも男は重圧を感じるようだ。「この女とオレは一生を過ごさなければならないとすると、これはたまらない」というような気分が出てくるんだね。そうして、この女よりはあの女の方が優しい、この女よりあの女の方が色気がある、この女よりあの女の方が知性的だ、この女よりあの女の方が肉感的だ、というように、チカチカ、チカチカと次から次へと目移りして、とうとう最後には眩暈《めまい》してしまう。それでもってポーッとして、何がなんだか分からなくなる。ちょうどいまの週刊誌に出ている芸能界の男女関係みたいなものだ。結婚したかと思うとすぐ離婚するし、離婚したかと思うとすぐ結婚し、またそれから離婚したりして、まったく何がなんだか分からない。

いまの難陀の場合もそれで、まず外へ向かって美しい女という価値を追っている姿が描かれている。それからこうして外へ向かって価値を追っていって、最高価値のものが得られたとして、それでどうなのか。残念だけど世の中の価値というものは、それがいったん得られたとしても、いつか必ずそれを失わなくてはならないんだ。これを「有為《うい》」の世界「流転《るてん》」の世界というんだけど、これは何も女の話ばかりじゃない。カネの話だってそうですよ。「オレはこれだけのカネを持ったら満足する」といって、それだけのカネを持ったら今度はそれ以上のカネを追う。あるいは世の中の地位も「もっと偉くなりたい、もっと偉くなりたい」といってだんだんと競《せ》り上がってきて、最後には牢屋に入らなければならないようになる。例えば政治家でもほどほどのところでやめておけば、一国の大統領くらいで終わることができる。それを「もっと、もっと」というと、最後には戦争まで起こして、元も子もなくしてしまう。その点、何んでも外のものを追ったらきりがない。そしてそのために最後には地獄の釜のなかへドボーンと跳びこむんだ。『仏言《のたま》く、天の楽の為に梵行を修すれば是の過《とが》あり』――。

ところがいま仏道は、こうした世の中の価値のために修行するのではなく、世の中の価値を追うことをやめることです。そして結局、自分が自分になる。自己が本当の自己になる、ここに仏法の大切さがある。

『仏与《とも》に逝多林《せいたりん》に還《かえ》りて、広く為《ため》に胎相《たいそう》を説きたまふ』――胎相というのは、この場合「十二因縁」のことで、無明《むみょう》、行《ぎょう》、識《しき》、名色《みょうしき》、六処《ろくしょ》、触《そく》、受《じゅ》、愛《あい》、取《しゅ》、有《う》、生《しょう》、老死《ろうし》がそれです。

まず〈無明《むみょう》〉というのは何がなんだか分からないこと。本当はわれわれ誰だって何がなんだか分かって生まれてきたんじゃない。われわれは、よくオヤジとおふくろの責任にするけど、本当は俺が俺として生まれてくる。分からないんだったら動かないでじっといればいいのに、そのくせに動く。これが〈行《ぎょう》〉ということですね。そして分からないのに行動したところに〈識《しき》〉が起こる。これがまあわれわれの個人としての生命ですね。とにかく生理的生命がそこに生じたんだ。そしてそこに精神と物質という形が出来上がって、まだ混沌としているけど、一応のわれわれが出来上がる。これが〈名色《みょうしき》〉。名とは精神、色とは物質のことです。そこに形をとって六処《ろくしょ》（六根《ろっこん》―眼耳鼻舌身意《げんにびぜっしんい》）、目や口やで、具体的に形をととのえる。ここまでは胎内での話、まだこの世の中に生まれてきていない。ところがホギャーッと生まれたとたんに、今度はそこに触れるもの〈触《そく》〉がある。外界にその六処（六根）の触れるものができてくる。触れた限りはそれがどういうものかという受けるところ〈受《じゅ》〉がある。そしてこの受けたところに「ああこれがいい、あれが悪い」という〈愛《あい》〉が生じて、いいものを取ろうとする。これが〈取《しゅ》〉ですね。そうすると、そういう意味での存在界ができる。いまわれわれの生きている存在界〈有《う》〉がある。そしてそれをいままた、こうするが故に、次の世界〈老死《ろうし》〉が開けてくる。つまり、われわれがこういう続きで生きているということを説明するのが「十二因縁」です。そしてこういう構造をよく考えてみると、「根本的にオレがはっきり分かって行動しているものは何もない」ということだけが分かる。

例えば俺が日本人に生まれた。ところがこれは何も俺が選びとったもんじゃない。俺が男に生まれた。これも選びとった上での話じゃない。やっぱり無明で日本人に生まれ、無明でもって男に生まれた。無明で二十世紀に生まれ……。それでは、この俺がこの大学へ入学し、この彼女と好き合って、いまはその彼女とともにゲバ棒を持ってあばれている、――ということは、大学も自分で志望して入学したんだし、この彼女との恋愛も俺が好きになったのだし、ゲバ棒であばれていることも自分の思想的行動なんだから、これはすべて俺が選びとったものかというとそうじゃない。よく考えてみると、本当はそういう選びとる縁とモノサシとは何んのことはない、無明の続きなんだ。だから、もし無明の続きで二十世紀の日本に生まれないで、昔のインドにでも生まれていたらどうか、あるいはパプア族として生まれていたらどうか。どうせ違っていたに違いないんだ。してみれば、俺、俺といかにも分かったつもりで行動しているけど、結局は無明の続きでしかないんだ。

それで、この無明の世界にあって一番大切なことは、まずこの無明からの続き（連鎖）を、やめること、つまり無明からの続きで俺、俺と思っている、その俺のいまの考えで行動することをやめることだ。それじゃあ、この俺、俺という思いをやめてしまったら何んにもなくなってしまうかというと、そうではない。そこには俺、俺という単なる「無明の続きのオレ」ではなくて、真実純粋の自己の生命が輝きだすんだ。これを「父母未生以前《ぶもみしょういぜん》、本来《ほんらい》の面目《めんもく》」ともいう。無明で行動する以前の話が仏法としての根本問題ですね。それで『仏与《とも》に逝多林《せいたりん》（祇園精舎《ぎおんしょうじゃ》のこと）に還《かえ》りて、広く為《ため》に胎相《たいそう》を説きたまふ』――この根本問題をお釈迦さんは最後になって難陀に聞かせてやった。綺麗な天女に抱きつくために修行するんじゃないんだということを、初めて教えてやったので『難陀因《よ》って始めて発心《ほっしん》し、解脱《げだつ》の為の故に持戒して、後に阿羅漢果《あらかんか》を得たり』――初めて難陀は発心した。

発心するというのは何か、結局、本当の意味の自分の生命を大切にするということ。世間の人はまあ皆んな働いているけど、何んのために働いているかというと欲のために働いているんで、本当の生命として働いているのではない。いま仏法として大切なのは本当の生命として働くことですね。――いや、この欲と生命との関係はまったく微妙でね、確かにわれわれは生きている限り欲をもっていることは事実だ。だからといって、欲のために働くということは欲の地盤に生命をおいてしまうことなんだ。そうではなく本来われわれの生命が欲をもっているのだから、欲も生命力の一つとして、生命の地盤に欲をおくのでなくてはならない。

ところで、この生命の地盤に欲をおくとはどういうことか。――欲はいつでも俺の欲なのだから、この俺、俺という思いを手放しにして、「オレの欲を手放した純粋生命」として働く、これが「解脱のためのゆえの持戒」です。

つまり生命が生命として純粋に働くこと、これが仏法としての生命（阿羅漢果）ですね。

私の働き場処に生命がゆきわたる——知事の心づかい

前に仏法とは、結局「生命が生命として働く」ことだといったけど、いま叢林で知事として大切なのは、一つの配役のなかで本当に生命のある仕事をすることです。なぜならばその生命というものを突きつめれば、いまここのあり方を抜きにしては何もないからです。例えば西洋の哲学者が「生命」ということを論ずるのなら、これはもう抽象論なんだ。ヘーゲルは「存在と思惟の一致」という。事実、ヘーゲルの哲学はそこから始まるわけだが、しかしそれは、「存在と思惟の一致」ということを考えているだけなのです。もし本当に存在と思惟が一致しているのなら、例えば「火」ということを考えたら、とたんに頭がやけどしなくてはならない。ところがそれを考えてもやけどしないところをみると、結局は一致していないわけだ。

いま仏法としては、そういう抽象概念ではない。「生命」という限りは口ではいえない。本当の生命とは、いま俺の生きている事実をいっているので、決して「生命」という言葉ですませてよいものではない。生命とはまったく現ナマとして生きていることで、いくら冷蔵庫に入れておいても保存はきかない。だから一瞬先に起こったことは、ここではもう通用しない。生命の実物は保存のきかない現ナマとして、いつでもいまここのあり方として生きている。スミレはスミレとして生きている。バラはバラとして生きている。私は私として生きている。あなたはあなたとして生きている。そしていつでも、いまここのあり方として生命があるんだとすると、いま私のこの仕事、例えば典座《てんぞ》がご飯を炊くときは、このご飯を炊いているなかに私の生命がなければならない。また園頭《えんじゅう》（畑仕事をする役）がこやし担《かつ》ぎをするときは、このこやし担ぎをするところに生命がなきゃならない。それをこやし担ぎをしながら「この仕事をすればいくらになる」というんなら、それはカネが担いでいるんだ。

私が坊主になったのは昭和十六年の十二月八日、大東亜戦争勃発の日だった。それから約三年は栃木県の大中寺《だいちゅうじ》という寺で坐禅修行していたんだけど、十九年の夏以後はもう悠々と叢林生活なんかしていられなくなった。そこへある人が「炭焼に行かないか」というんで炭焼に行った。島根県の山奥とは聞いていたけど、行ってみると、それこそ絶壁にちかい山へノコギリとナタを持って登ってゆかなければならない。そこはもう立っているだけでも怖い。「こんなところではとても仕事ができやしない」と思ったけど、来てしまった限り仕方がないのでとうとうやり通した。それから静岡県に行って潮汲《しおくみ》をやった。そこでこやし担ぎもした。茶畑のひろっぱまで行くのに、急な山道を登らなければならなかったので、もう腰がフラフラだった。その上、こやしがボッチャン、ボッチャンいってとうとう私の足にかかった。「あっ」といったとたんにこやしがひっくり返って、顔からかぶって口のなかにも入った。あれはやり切れなかった。しかしこんな仕事も私は日当を取るためにやってたんじゃない。とにかく自分の生命を生きるために必死になってやっていたんだからね。

そうすると、叢林でこやしを担ぐのは世間的な汲取り屋さんじゃない。自己の生命を生きる仕事です。叢林で薪割《まきわ》りをする、叢林でもって土ほじりをしている、それは皆んな商売でやっているんじゃない。日当でやっているんじゃない。ただ自己の生命を生きるという修行をしているわけですね。どうせわれわれの仕事は専門家や商売人に較べたらへたに決まっているんだ。同じ土ほじりをやるにしても土木作業に本当になれた人がやるんなら素晴らしく能率をあげるけど、われわれのやっている仕事は毎々やっているのではないんだから、そんなに能率をあげられやしない。しかしそれでもやっているのは、自己の生命発現として力を尽くしてやっているんだ。

つまりわれわれが生命という場合、抽象的な生命概念であってはならない。具体的に「いまここの働き」を働くのでなければならない。それがいまわれわれの叢林にあっては配役です。典座は典座という配役において、園頭は園頭という配役において、具体的な自己の生命を働かなくてはならない。これは決して抽象論ではない。「オレはオレの生命を生きるんだ」

といっても、何もしないのなら、それはちっとも生命を生きていることにはならない。大切なのは、いつでもこの具体的働きなんだ。

難陀尊者《なんだそんじゃ》、俗姓は刹帝利《せってぃり》、浄飯王《じょうぼんおう》の子、如来の俗弟なり。即ち知事に充《あ》たって果《はた》して羅漢《らかん》と作る。見仏《けんぶつ》の功徳、証果《しょうか》の先蹤《せんしょうとうと》、貴ぶべき者か、慕ふべき者か。然《しか》れば則ち道心の人、稽古《けいこ》の人必ず充《あ》つべし。無道心の輩《やから》は充つべからざるなり。知事の心術は住持《じゅうじ》の心術と同じ。仁義《じんぎ》を先《さき》とし、柔和を先とし、雲衆水衆《うんしゅすいしゅ》に大慈大悲《だいずだいひ》ありて、十方を接待し、叢席《そうせき》を一興《いっこう》す。世利を見ずして、唯道業《ただどうぎょう》を務《つと》むる者の充《あ》て来《きた》れる所なり、誠に是れ弁道《べんどう》の薫練《くんれん》、此《こ》れに先だつ者無し。

註　**刹帝利** ksatriya ――土田主と訳す。インドの四姓中の一にして婆羅門の次に位し、王族、武人の階級をいう。「俗姓は刹帝利」とあるのは、いわゆる苗字ではなく、家柄のこと。**先蹤**――先人の足跡。**仁義**――仁はいつくしみの心、義は正しき行《おこな》い。日本ではよく世間的な信用を裏切らないこと（信義）の意味に転用されるが、ここでは本来の意味。**叢席**――叢林《そうりん》、つまり修行道場のこと。**弁道の薫練**――弁道はもと仏道を成弁すること、薫練は薫じて練るの意、ここでは仏道修行者の急所というほどの意味。

難陀の場合は托鉢《たくはつ》の留守居という配役だった。王様の子どものくせに『知事に充《あ》たって』——掃除して水を撒《ま》いて、薪《たきぎ》を採って牛の糞を除いて、便所の掃除をしていたわけだ。それをしているうちに『果《はた》して羅漢《らかん》と作《な》る』。

『見仏《けんぶつ》の功徳《くどく》、証果《しょうか》の先蹤《せんしょう》、貴《とうと》ぶべき者か、慕ふべき者か。然《しか》れば即ち道心の人、稽古《けいこ》の人必ず充《あ》つべし。無道心の輩《やから》は充つべからざるなり』——大切なのは「道心」なんだ。この道心、とは結局「生命の実物を生きる」ということですね。ふだんわれわれは生命の実物を生きていない。何んのために生きているかといえば、それはカネのために生きている。名誉のために生きている。世間体《せけんてい》のために生きている。それで生命の実物と出逢っていないんだ。大体われわれ、自分とは何かと考えるのに、いつでも他人とのかねあいで考えている。社長と出逢えば「オレは社員だ」と思うんだし、奥さんに出逢えば「オレは夫だ」と思うんだし、子どもに出逢えば「オレは親だ」と思い、有能な人に出逢えば「オレは駄目だ」といって無能を感じるんでしょう。金持ちに出逢えば「オレは貧乏だ」と思い、社会に対しては「オレは無力だ」というようにして、そのなかに「オレ」というものが出来上がってくるのですね。それは他人との出逢い、かねあいのなかに俺というものを考えた「つくりもののオレ」であって、決して「オレの実物」というものじゃない。生命の実物とは、他と何もかねあいのないところに事実として俺が生きているということです。

それでは自己の実物、生命の実物を生きるにはどうしたらいいかといえば、一番いいのは坐禅しているときですね。坐禅しているときは俺だけになっていて、他人と出逢っていない。もっともそうすると退屈するもんだから、今度はアタマに何かを考え始める。しかし考えだしたら「考え」を慰《なぐさ》んでいるんだから、その「考え」もやめる。あらゆることに出逢うことなし、かねあいなし、慰めなし、ただじっと坐っている。これが自己の実物を生きているわけです。だから「坐禅は自己の正体なり」（正法眼蔵随聞記二の要約文）という。正体の正とは一もって止まること、俺ぎりになっている。正体とは実物のことです。坐禅に限らず、働く場合でも、自己の実物が働く、その働き方が大切なんだ。「お前よりよく働いた」といったら、もう自己の実物を生きているんじゃない。それは他人《ひと》との比較で働いている。能率をあげることなら土建屋の作業員の方があげるに違いない。それでは土建屋の作業員は偉いのかといえばそうでもない。そんな作業員よりは機械の方が能率をあげるに違いない。われわれの働きは機械よりはどうせ能率はあがらない。大切なのは能率をあげることではなくて「自己の実物を生きる」という姿勢態度です。それで「道心の人」というのは自己の生命を大切にする人ということですね。

ところが自己の生命を大切にする人は、実際にあまり多くないんだ。俺の生命を大切にするよりは俺の欲の方を大切にするんだ。俺のていさいの方を大切にするんだ。世間の人はたいていの話、世間体で生きているんだ。「こんなことをすると世間に笑われる」と思って、やりたいことでもやらない。「こうしたら世間の人が褒《ほ》めてくれる」といってどんなことでもするんだし……。こんな人は道心があるとはいえない。道心とは「自己の実物を生きる」この態度ですよ。これをもう一歩進めると、これは抽象概念ではない。「いまここ」というあり方がある。それがいつも私のいう「出逢うところわが生命」だ。出逢っていることを一所懸命大切にする。ものに出逢うときはものを大切にする。――それがまあ茶道の根本精神なんかにも通じるのでしょう。茶道ではまず客を大切にし、また道具なども大切にする。ところがいまの茶道の人たちは、ともすると「このお茶碗は何百万円だ」、それで大切にするという、そんな感じを受ける。しかしそれならもう本当の意味はない。ものも大切にする。仕事も大切にする。人に出逢ったらその人を大切にする。これも「この人をいま大切にしておいたら何かのときに役立つかも知れないから」というのなら、もう話が違う。何かになりそうなことをネラッているんじゃあない。いま、ここで私があなた、あなたが私、そのぶっ続きのところで行動する。これが道心ですよ。だから『無道心《むどうしん》の輩《やから》は充《あ》つべからざるなり』

――無道心の人はこれに充ててはならない。叢林では道心だけが大切ということです。

『知事の心術《しんじゅつ》は住持《じゅうじ》の心術と同じ』――この配役に当たっている人は住持人（一寺の住職）と同じ心づかいでなければならない。例えば安泰寺はいま私が名義上住職になってはいるけど、実はいま安泰寺に安居《あんご》（修行生活）している一人ひとりが皆んな住職でなければならない。「オレはそうではない」という奴が一人でもあったらいけない。例えば目のところへ何かが飛んでくると、思わず手がそれをはらう。目は目、頭は頭で勝手にしろというんじゃない。手がはらう、首がよける。これは全体として行動するわけだ。安泰寺という一つの集まりを考えるにも、何か一つことが起きたら全体としてそれを考えて行動する。その点、住持人というのも、実はこれも一つの配役でしかない。

私は昭和二十四年にこの寺に来たけど、そのときの住職は衛藤即応《えとうそくおう》先生だった。衛藤先生は東京へ出て駒沢大学の学長さんをしていたんで、うちの沢木老師がこの寺を借りて入ったわけだ。しかし沢木老師はいつも方々へ行っているので、私は留守居役としていたわけだ。だから間借り人のまた間借り人をしていたわけですよ。しかしながら私は、初めから安泰寺住職というつもりでずっときている。いまは正真正銘、安泰寺の住職になったけど、決して偉くなったというわけではない。宗務庁への届けだけが住職になった。そういう配役でしかないんだ。その辺、世間の人とは考え方が違う。一つの会社に勤めるんでも「オレは安サラリーマン、平社員」と思っている。ところが本当は入社したとたんにその社長でなければならない。部長だ課長だといっても皆んな社長のつもりでいなければならないですよ。そして会社のために働くということですね。

ここの摂心《せっしん》に、ある会社の社長さんがわざわざ東京から、しかも毎月やって来る。忙しい人だからずっとはいられないけど、一日でも半日でも毎回欠かさずに来ている。その社長さんが「うちの会社でもこの安泰寺みたいにうまくいったらこんないいことはない」といった。安泰寺の摂心は鐘が鳴ると皆んなサーッと本堂（坐禅堂）へ入って黙って坐るし、規則に違反するという人は一人もいない。だから「こうしろ、ああしろ」といわないですむ。この調子で一つの会社が運営できたらと、……。それは社長さんとしたらこたえられないでしょうけど、やっぱり普通の会社は営利が目的なんだから、そうはうまくいかない。安泰寺は営利会社ではない。ただ坐禅したい人が来る。したくない奴は帰ったらいい。それだから坐禅中心でうまくことが運んでいるのは当たり前のわけです。摂心のとき、坐禅に参加する者は皆んな住持人のつもりでやっている。だから摂心の規矩《きく》を乱《みだ》すようなことはすまいと誰でも心得ている。それで『知事の心術は住持の心術と同じ』――。

『仁義《じんぎ》を先《さき》とし、柔和《にゅうわ》を先とし、雲衆水衆《うんしゅうすいしゅ》に大慈大悲《だいずだいひ》ありて、十方を接待し、叢席《そうせき》を一興《いっこう》す』――ここでよく見て欲しいのは、ザッと考えている人は、禅僧といえばいかにもサッパリしていて少しも小っちゃなことにはこだわらず、そして慈悲心とはちょっと反対側の、どちらかといえば無慈悲無人情に人を取扱うぐらいのことを考えている人が多いのではないか。ゆきとどいて人の気持ちを汲んで『仁義を先とし、柔和を先とし』――そんなのではないのが禅僧だと思っている人が多いようだ。それで、ろくに自ら坐禅したおぼえのないのに、一般世間で描いている禅僧タイプを気取って、わざと無人情無慈悲にリキんでいる、いわゆる自称禅僧が多すぎるのじゃないだろうか。ところがこの知事清規をよんでみると、そうではない。禅僧で一番大切なのは、いうまでもなく何よりもまず実際に坐禅することですよ。そしてこの坐禅からおのずから柔和と慈悲があふれ出てくるのでなければ、本当の禅僧でありゃしない。だからこの知事清規は、一般に考えられている禅僧の世界とはガラッと違った世界が書いてある。

ところで大慈大悲《だいずだいひ》とは何かといえば、「私の働き場所に生命がゆきわたる」ことなんだ。私の働いている、いたるところに「いたわる心」がなければならない。労《いたわ》るとは到《いた》ること、到らなくてはならない。それから思い遣《や》る、思いを向こうにとどかせる心、つまりゆきとどく心。これがあればこそ、初めて実際に「存在と思惟」が一致してくる。それなしに「存在と思惟の一致」といったって抽象論で宙に浮いた話でしかない。

もちろんわれわれのやっている仕事に合格ということはない。しかしながら少なくともあらゆるところに自分の生命がゆきとどいて、いま自分のしている仕事に血が通《かよ》っているかどうか、神経が行きわたっているかどうか、これをネラウべきですよ。例えば部屋を掃除するのに、終わってみたら大きな綿ぼこりがある。それでは駄目だ。箒《ほうき》で掃《は》くとき箒を前に出してからまた箒を後へもどさなければならないので、それについたほこりがまた後に飛ぶ。そいつを見ないでどんどん掃いてゆけばほこりが残ってしまうんだ。雑布がけをするんでもツーッと走っていってツーッと返ってくる。それで一応はすんだには違いないけど、もしそこに自分の足跡がついていたのなら、それはまだ掃除していないのと同じだ。神経が通った行動というのは通り一遍ではない。生きた目を見開いて、もう一度見直してみる気持ちがなきゃならないね。

仕事もそうなら人と出逢う場合にもいよいよそうなんだ。人との出逢いの場合、どうしたら、もっとも生きた出逢いになるかということをネラウべきだ。しかもネラッたから俺は偉いぞというのじゃない。どうせ完璧にできっこないんだ。安泰寺に以前、上半身だけの達《だる》磨《ま》さんが描いてあり、それに神戸の般若林《はんにゃりん》（八王寺）の覚巌《かくがん》さんが讃をしている軸があった。その讃が面白い。「半身はいかがめされた達磨殿《だるまどの》、さらば悟も全くはなし」――われわれの宗門、道元禅師の門下では「十成《じゅうじょう》を忌《い》む」という。全部が描いてあって悟りも合格というのじゃない。われわれが精一杯ゆきわたり、いたわり、思い遣《や》るという心を働かせながら、働かせれば働かせるほど「ひとかたはたらずとおぼゆるなり」（正法眼蔵現成公案）だから、「オレは駄目だなあ」と感じながら、しかも一所懸命にやっているのでなきゃならない。その姿勢が大切なんで「オレはどんなもんだい」といったときには、もう傲慢《ごうまん》が働いているんだし、もう不合格なんだ。だから合格しては駄目だ。事実、生命というものには十成ということはない。百点満点は取れない。だけどそれをネラッて一所懸命やっている、これが祇管《しかん》だ。

いまわれわれの場合でも『仁義を先とし、柔和を先とし、雲衆水衆《うんしゅすいしゅ》に大慈大悲《だいずだいひ》ありて』――つまり雲水たちにも大慈大悲で出逢う。それから『十方を接待し』―あらゆる人々に対してもそういうつもりで接待する。そして『叢席《そうせき》を一興《いっこう》す』――。

『世利を見ずして、唯道業《ただどうぎょう》を務《つと》むる者の充《あ》て来《きた》れる所なり』――要するにわれわれの場合、損得やカネのために動かされない。ところが世の中で「坊《ぼん》さん」というと接待業ぐらいに考えている人がいるけど、これは違う。それなら頭を剃っていることさえも下品なことになる。よく沢木老師がいわれていたけど「今日は葬式があるから頭を剃る、それなら芸者が今日はお座敷がかかっているから髪を結うのとどこが違うか」って。――その点、われわれが十方に出逢うのは接待業じゃない。世利のためじゃない。また名利《みょうり》のためでもない。他人から褒められるためじゃない。人から尊敬されるためでもない。ただ自己の生命を本当に生きるという姿勢でなければならない。

『誠に是れ弁道《べんどう》の薫練《くんれん》、此《こ》れに先《さき》だつ者無し』――本当に自己の生命を修行する限りは、叢林にあってこうした知事とか頭首《ちょうしゅ》とかの役をつとめ抜くことですよ。

生命の実物で配役を生きる ——潙山《いさん》と院主《いんじゅ》の話

知事等親しく曽《かつ》て相見《しょうけん》せし例。

大潙《だいい》一日《いちじつ》院主《いんじゅ》を喚《よ》ぶ。院主来《きた》る。山《さん》云く、我《われ》院主を喚ぶ、汝来《きた》って什麼《なに》をか作《な》す。院主無対《むたい》。又侍者《じしゃ》をして第一座を喚び来《きた》らしむ。第一座来る。山云く、我第一座を喚ぶ、汝来って什麼をか作すと。第一座無対。

曹山《そうざん》、院主に代って云く、也《ま》た知る和尚の某甲《それがし》を喚ばざることをと。第一座に代って云く、若《も》し侍者をして喚ばしめば恐らくは来《きた》らじと。法眼《ほうげん》別して云く、適来侍者《てきらいじしゃ》喚ぶと。

這《こ》の一段の因縁を拈得《ねんとく》して、直《じき》に須《すべか》らく知事頭首《ちじちょうしゅ》の命脈《めいみゃく》を参究《さんきゅう》すべし。

註　院主——監寺《かんす》の別名で寺務を監督するもの。　侍者——住持人の側近にいて住持人のめんどうをみる人。　第一座——首座《しゅそ》のことで六頭首《ちょうしゅ》の筆頭、監寺が寺の経営主幹であると同じく修行の主幹が第一座である。

潙山霊祐《いさんれいゆう》禅師があるとき院主《いんじゅ》を呼んだ。『院主来る。山云く、我《われ》院主を喚《よ》ぶ』——「オレは院主を呼んだんだ。お前が出てきてどうするんだ」。そしたら『院主無対《むたい》』――。次にまた『侍者をして第一座を喚び来《きた》らしむ』――第一座がやって来た。そしたらまた潙山が「オレは第一座を呼んだんだ。お前が来てどうするんだ」といった。そしたら『第一座無対』――。これが潙山という人のやり方で、こういうところに特に関心をもっていたらしい。

典座教訓に「潙山僧と水牯牛《すいこぎゅう》」の話が出てくるけど、その典拠となっている問答もこの話と同じだ。「老僧百年の後、山下《さんか》の檀越《だんのつ》の家に向かって一頭の水牯牛となり、左脇下《さきょうか》に五字を書《しょ》す。云《いわ》く潙山僧某甲《いさんそうそれがし》と」――俺が死んだら門前の百姓家の牛に生まれ変わって、その牛の左脇のところに「オレは潙山霊祐だぞ」と書いておくというんですね。「この時若《も》し喚《よ》んで潙山僧と作《な》さば是れ水牯牛、又《また》喚んで水牯牛と作さば是れ潙山僧」――ははあ、これは潙山和尚だといったらそうじゃない、牛なんだ。これは牛だなといったら潙山僧と書いてあるんだからね。そこで「且《しばら》く道《い》え、喚んで什麼《なん》と作《な》さば則《すなわ》ち得《え》ん」――そういう則《そく》（古則公案）があるけど……。

これがいわば仏性《ぶっしょう》（生命）と業相《ごっそう》（ふだん自分、自分と思っているところの自分）との微妙な交錯《こうさく》なんですね。私は確かに生命が与えられて生きているんだ。しかしながら、その生命を具体的にいえば、頭がとんがっている、こんな私だ。こういう業相をもっている。業相を捨てて生命はないんだし、生命はといえばこの業相のなかに現われているんだ。ここでは知事としての配役と「この私」という業相との関係なんだ。あるいは仏法と世法というときにも、世法を取り去っての仏法は実際にはない。事実われわれは、世間的肉体をもっていればこそ永遠絶対の仏法が働くんだ。仏法は絶対、世法は相対、この相対的な肉体を通して絶対の生命が働く、その辺が微妙なんだ。

潙山が院主を呼んだら事実院主がやって来た。それで「オレは院主を呼んだんだ。お前がやって来てどうするんだ」――この場合その人の名前が出てきても困るんだし、配役名が出てきても困るんだ。本当は配役に生きる生命の実物が出てこないといけないわけですね。例えば子どもが「お母さん」と呼んだら、お母さんがＰＴＡ会長の名刺を持ってきて「私これよ」とやったんじゃ見当が違う。さりとてＰＴＡの会合のあるときに、自分の子どものことばかりいっていたらこれも困る。この辺がＰＴＡの会長さんという配役をもっていたら、ＰＴＡの会長さんとしての生命の実物が出てこなくちゃならない。ただわが子わが子というだけのお母さんがＰＴＡ会長として出てきては困る。

いまのお役所を見るとその辺のことがよく分かる。お役所へ行った市民がお役所のやり方にいくら不平をいっても、ちっとも通じない。お役人の方では「オレはこうしていればちゃんと給料もらって、ボーナスが出て、恩給がつくわい」という顔してタバコをふかしている。ところが、市民がお役所の上役《うわやく》にいって文句をつけると、今度は上から下へとさがってきて、タバコをふかしていた役人はあわてふためいて恐縮し行動する。こんなのは生命の実物としてではなく、お役人という肩書だけが行動しているわけですね。

いまの場合、『院主来《いんじゅきた》る。山《さん》云く、我《われ》院主を喚ぶ、汝来《きた》って什麽《なに》をか作《な》す』――「肉体が出てきても駄目だぞ」ということですね。それに対し『院主無対《むたい》』――院主は答えなかったというわけだ。第一座の場合も同じことで、生命の実物が出てこなくちゃ駄目なんだ。

潙山についてはこれとは別に従容録《しょうようろく》にこういう則《そく》がある。「潙山、仰山《きょうざん》に問ふ。忽《たちま》ち人《ひと》有りて一切衆生但《た》だ業識茫茫《ごっしきぼうぼう》として本《もと》の拠《よ》るべき無きありやと問《と》はば作麽生《そもさん》か験《こころみ》ん」――潙山が弟子の仰山慧寂《きょうざんえじゃく》に向かって、「一切衆生は業識ばっかりあって、その業識の拠《よ》りどころさえない。そういう質問をしたらお前はどう答える」といった。潙山と仰山は非常に仲のいい師弟で、話もまた合ったらしい。そこで「仰《きょう》云く、若《も》し僧の来ることあらば即ち召《め》して云はん、某甲《それがし》と」――そういうときにはその人の名前を呼ぶというんですね。「宗則さん」「はいっ」そんなふうにね。「僧首《こうべ》を回《めぐ》らさば乃《すなわ》ち云《いわ》ん、是れ什麽《なん》ぞと」――これは何んだ。実物でなく名前でしかない。そこで「彼が擬議《ぎぎ》せんを待《ま》って向かって云はん、唯《た》だ業識茫茫たるのみに非《あら》ず亦乃《またすなわ》ち本《もと》の拠《よ》るべきなしと」――「ええ?!」。そんな顔をしたらその人に、「業識茫茫だけなのかと思っていたら、本当に拠るところがないな、といってやる」と仰山がいった。そしたら「潙云《い》く、善《よ》い哉《かな》」（第三十七則）――潙山がそう褒めた。

要するに潙山は業識と仏性の関係を非常に問題にしたわけです。いまの場合でも結局、大切なのは生命の実物であって、肩書や名前じゃない。あるいは肉体でもない。本当は生命の実物に目を向けさせようとしたことが、こうした問答になって現われているのです。

『曹山《そうざん》、院主に代って云く、也《ま》た知る和尚の某甲《それがし》を喚《よ》ばざることを』――曹山というのは洞山悟本大師《とうざんごほんだいし》の弟子、曹山本寂《そうざんほんじゃく》のこと。曹山がこの問答について、院主に代わっていった。「和尚が私を呼んだのでないことは知っています」。『若《も》し侍者《じしゃ》をして喚ばしめば恐らくは来《きた》らじ』――「あるいは侍者が呼ぶんだったら、私は来なかったでしょう」。まあ、こういう話です。

大体、人間は言葉を器用に使う。「ちょっとあの人を呼んでくれ」というふうに間接の話を通じさせる。犬ならそんなことはやらないでしょう。ポチがジョンに向かって「タローを呼んでくれ」――そんなことはない。ポチはポチでそこまで行かなければならない。ポチがタローのところへ行って尻尾をふる。そういう直接な行動をする。ところがわれわれ人間は、間接行動をすることができるので、それに狎《な》れすぎていてかえって直接なことを忘れている。だから直接的な生命の実物を見失ってしまう。ここではそうしたことをいっているわけですね。

『法眼別《ほうげんべっ》して云く、適来侍者《てきらいじしゃ》喚ぶと』――潙山と院主の話に曹山が一句をつけたけど、今度はそれとは別に、法眼文益《ほうげんもんえき》が一句つけくわえた。「たまたま侍者和尚が呼んでいる」と。

『這《こ》の一段の因縁を拈得《ねんとく》して、直《じき》に須《すべか》らく知事《ちじ》頭首《ちょうしゅ》の命脈《めいみゃく》を参究《さんきゅう》すべし』——要するに、知事頭首として配役に当たっている生命の実物はどういうものか。この実物を参究しなくてはならない。実物から宙に浮いた行動をしてはいけないということですね。

解釈ではなく一体に成る ──玄則禅師《げんそくぜんじ》の懺悔《さんげ》

監寺《かんす》に充《あ》たりし時、大事《だいじ》を発明《はつみょう》せし例。

金陵《きんりょう》報恩院《ほうおんいん》の玄則禅師法眼に嗣ぐ、法眼《ほうげん》の会《え》に在りて監寺《かんす》に充《あ》つ。一日法眼云く、監寺儞《なんじ》此の間に存ること多少の時ぞ。則云《そくいわ》く、和尚の会に在ること已《すで》に三年を得たり。眼《げん》云く、儞《なんじ》は是れ後生《ごしょう》、尋常《よのつね》何ぞ事《こと》を問はざる。則云く、玄則敢《あえ》て和尚を瞞《まん》せず、玄則曽《かつ》て青峰《せいほう》の処に在って箇《こ》の安楽《あんらく》を得たり。眼《げん》云く、儞甚《なん》の語に因《よ》ってか得入《とくにゅう》す。則云く、玄則曽て青峰に問ひき、如何《いか》にあらんか是れ学人《がくにん》の自己と。峰《ほう》云く、丙丁童子来求火《びょうじょうどうじらいぐか》。眼云く、好語《こうご》なり、祇《ただ》恐らくは儞会《え》せざらんことを。則云く、丙丁は火に属す、火を将《も》って火を求むるは、自己を将《も》って自己を覓《もと》むるに似たり。眼云く、情《まこと》に知る儞会せざりしことを、仏法若《も》し是《かく》の如くならば今日に到らじと。則躁悶《そうもん》して便《すなわ》ち起《た》つ。中路《ちゅうろ》に至って却《かえ》って云く、佗《かれ》は是れ五百人の善知識《ぜんちしき》なり、我を不是《ふぜ》と道《い》ふ、必ず長処《ちょうしょ》有らんと。却回《きょうい》して懺悔《さんげ》す。眼云く、但《ただ》問ひ将《も》ち来れ。則便《すなわ》ち問ふ、如何にあらんか是れ学人の自己。眼云く、丙丁童子来求火。則言下《ごんか》に大悟す。

註　青峰——ここにある青峰は不明の人。思うにこの問答は景徳伝燈録《けいとくでんとうろく》第二十五報恩玄則章にこれと同趣の文があるので、古くからこのような伝承があったのであろう。宏智録《わんしろく》にはこの則の原文と見られるものがあり、道元禅師はこれに依ったものと思われる。しかし種々の事情から考察してみるに、ここにある青峰は巌頭全豁《がんとうぜんかつ》の資である白兆志円《はくちょうしえん》の誤りと見るべきである。白兆志円の伝は景徳伝燈録巻十七等に存する。

この話は、正法眼蔵の辦道話にも出てきますが、玄則禅師がまだ法眼文益《ほうげんもんえき》禅師のところで監寺《かんす》をしていたときの話です。あるとき、法眼が玄則を呼んで「お前はここにやって来てから何年になったか」と訊ねた。「私はここに来てから三年になりました」。『眼《げん》云く、爾《なんじ》は是れ後生《ごしょう》、尋常《よのつね》何ぞ事《こと》を問はざる』——「お前はまだ未熟なんだ。それなのにどうして法を問いにこないのか」——玄則は和尚のところへぜんぜん出ていかないし、法も問わないもんだからそういった。

『則云く、玄則敢《あえ》て和尚を瞞《まん》せず、玄則曽《かつ》て青峰《せいほう》の処に在って箇《こ》の安楽《あんらく》を得たり』——「はい、私は和尚を瞞《だま》そうとは思いません。実は私、もう青峰和尚のところで悟りを開いて安楽のところを得ております」。『爾甚《なん》の語に因《よ》ってか得入《とくにゅう》す』——「お前はどういう言葉でその悟りを開いたのか」と訊いた。『玄則曽て青峰に問ひき、如何《いか》にあらんか是れ学人《がくにん》の自己と』――「私はかつて青峰に、学人の自己とはどうありますかと訊いた」。そのとき『峰《ほう》云く、丙丁童子《びょうじょうどうじ》来って火を求む』――十干《じっかん》のなかの丙丁はひのえ（火の兄《え》＝丙）、ひのと（火の弟《と》＝丁）ですね。だから「火の神様が来て火を求める」。青峰がそう答えたと玄則はいった。『眼《げん》云く、好語《こうご》なり、祇《ただ》恐らくは爾会《なんじえ》せざらんことを』――「いい言葉だ。だがおそらくお前はそれが分かっていないことだろう」。そうしたら玄則が『丙丁《びょうじょう》は火に属す、火を将《も》って火を求むる』――つまり「自己をもって自己を求むることなんだな」と分かりました。こういうことですね。

『眼云く、情《まこと》に知る爾会せざりしことを』――実際にそうだ。「自己をもって自己を求める」――そんな解釈をしたって駄目だ。解釈するのはもうアタマで考えたあとのことです。もし「存在と思惟」とが一致するんなら、「火の神」といったとたんに頭がやけどするはずなのに、何んともないところがやはり解釈なんだ。つまり『自己を将《も》って自己を覓《もと》むるに似たり』というのは、早い話「存在と思惟の一致」という解釈をしたのと同じだ。鏡に映った自分の顔は、これは自分の顔には違いないんだけれど、それは俺の影なんだ。本当の自己の実物は絶対に自分じゃ見えないんだ。このことを知らなくちゃならない。鏡に向かって見せている自分の顔は、もうすでに自分に見やすい顔に変えている。これが妙なんだ。

例えば女の人が、お化粧するのに何時間でも鏡に向かっている。ところが本物のあなたの顔ときたら、そんなに何時間も見ていて見飽《あ》きのしないというような顔じゃないんだ。それをいつまでたっても見飽きないでいるのは、結構自分に見やすい顔に変えて映しているからだ。しかしそれは実物じゃない。そこでいま『自己を将って自己を覓むるに似たり』という解釈をしたら、もう鏡に映った顔みたいなものだ。要するにもう本当の自己の実物じゃない。そんなことをいうもんだから『眼云く、情《まこと》に知る儞会《なんじえ》せざりしことを、仏法若《も》し是《かく》の如くならば今日に到らじと』――「仏法がその程度のものならば、今日まで仏法として伝わっちゃいないよ」。そしたら『則躁悶《そくそうもん》して便《すなわ》ち起《た》つ』――むかっ腹をたてるもんな。それで出ていった。

　ところが玄則の偉かったところは『中路《ちゅうろ》に至って却《かえ》って云く、佗《かれ》は是れ五百人の善知識《ぜんちしき》なり、我《われ》を不是《ふぜ》と道《い》ふ、必ず長処《ちょうしょ》有らん』――法眼は五百人からの弟子を抱《かか》えている和尚、要するに「法眼の方がオレの考えよりも正しいかもしれない」と思い直した。これが大切なんだね。俺のモノサシでものをいっている限りは「オレはこれでいいんだ」という俺のモノサシがある。このモノサシをそのままにしておく限りはどうしたって展開しない。この俺のモノサシを手放しにして、つまり自分のアタマを手放しにしたところに本当の生命が働くわけです。業相《ごっそう》としての俺のモノサシを突き放したところに、絶対が相対のなかに働く。生命が本当にこの俺に働いてくる。

　われわれが坐禅するのは「思いを手放しにすること」です。坐禅の姿勢は思いを手放しにするのに一番よい身構えなんです。坐禅をしながら考えごとをしているんじゃ、それは妄想をかいているのでしかない。いま思いを手放しにするというのは姿勢でもって実際にやるわけなんだ。これが坐禅というもので、こうして自分をバラに解体するときに絶対の光が現《げん》成《じょう》するわけです。

『却《きょう》回《い》して懺悔《さんげ》す』――この懺悔するのも「私が悪うございました」といったって駄目なんだ。本当の懺悔とは「自分、自分」という思いをバラに解体し手放しにする。お経に「若《も》し懺悔せんと欲《ほっ》せば、端坐《たんざ》して実相《じっそう》を思へ、衆罪《しゅざい》は霜露《そうろ》の如く、慧日《えにち》能《よ》く消除す」（観普賢菩薩行法経）とあるけど、これが懺悔することの本当の姿で、これはただ坐禅するよりほかないのです。この絶対の光（慧日《えにち》）に照らしだされるのが懺悔で『却回して懺悔す』――というときに、もう玄則は自分を突《つ》っ放《ぱな》しているんですね。

『眼《げん》云く、但《ただ》問ひ将《も》ち来れ。則便《すなわ》ち問ふ、如何《いか》にあらんか是れ学人《がくにん》の自己』――そこで玄則はまた同じ質問をしたわけだ。『眼云く、丙丁童子《びょうじょうどうじ》来って火を求む。則言下《ごんか》に大悟す』――そしたらまた同じ言葉で答えた。ところがそのとき玄則は言下に大悟した。懺悔したときにもう手放しの自分になっていたのだから、「丙丁童子来求火《らいぐか》」の言葉を聞いたときに大悟した。大悟というのは「パッと開けて、アッと思う」、そんなのとは違う。悟という字の忄（りっしん偏）は一心のことで、そこに吾がある。一心とは私のいう生命のこと。この生命と吾と一体、それが悟りだ。

毎度いうけど、私の思いが心臓を動かしているのかというと、決してそうじゃない。手放しのところで心臓が動き、血液が循環している。手放しのとこで息《いき》もしているんだ。だから寝ているときでもちゃんと一分間にいくつの割で脈も打っているし、息もしている。これが生命の実物だ。同じようにいつもわれわれのアタマはいろんなことを考えるけど、本当はこれも生命が思わせるわけだ。これが生命の実物だ。それなのにこの小っちゃな自分の思いのなかだけのことをいっている限りは、もう生命の実物から宙に浮いている。だからこの小っちゃな「自分、自分」という思いをバラに解体する。――この場合、「自分、自分」という思いをバラに解体したからといって、自分が自分でなくならない。思い以上の生命の実物がそこにある。これは微妙なところです。

例えばいま、私が坐禅して自分を手放しにする。そのとたんに、ストーブの上にのせた雪みたいにジューッといって、私がなくなってしまうというものじゃない。私のアタマを手放しにしても尚《なお》ある自分。これが本当の自分、自己の実物ですよ。いま坐禅をするとは、自己の実物を生きることだ。

この話では報恩玄則《ほうおんげんそく》が法眼《ほうげん》のところで監寺《かんす》和尚をやっていたけど、その仕事のやり方が法眼の目には十分とは見えなかったわけで、『情《まこと》に知る儞会《なんじえ》せざりしことを』という言葉も出てきたんだ。結局、大切なのは実物として、いまここで自分の配役としての知事であることに生命を打ち込んで働くなかに自己の実物をやるわけですね。

自己が自己に出逢う ―楊岐《ようぎ》禅師の発明《ほつみょう》

袁州楊岐《えんしゅうようぎ》の会《え》禅師、慈明《じみょう》に随《したが》ふ。慈明は南源《なんげん》より道吾《どうご》、石霜《せきそう》に従《うつ》る。師皆之《みなこれ》を佐《たす》けて院事《いんじ》を総《す》ぶ。之《これ》に依ること久しと雖《いえど》も、然《しか》も未だ省発《せいほつ》有らず。咨参《しさん》する毎《ごと》に慈明の曰《いわ》く、庫司事繁《くすじしげ》し、且《しばら》く去れと。他日《たじつ》又問ふ、慈明の語前《さき》の如し。或《ある》いは謂《い》って曰く、監《かん》寺《す》、異時児孫《いじじそん》天下に遍《あまね》うし去らん、何ぞ忙《ぼう》を用いることを為《な》さんと。一老嫗《ろうう》有りて、寺に近づいて居《こ》す。人の之《これ》を測《はか》ること莫《な》し。所謂《いわゆる》慈明婆《ば》なり。慈明、間《ひま》に乗じて必ず彼《かしこ》に至る。一日《いちじつ》雨作《おこ》る。慈明の将《まさ》に往《ゆ》かんとするを知り、師之《これ》を小径《こみち》に偵《うかが》う。既に見て遂に扭住《じゅうじゅう》して曰く、這《こ》の老漢《ろうかん》、今日須《こんにちすべか》らく我が与《ため》に説くべし、説かずんば儞《なんじ》を打ち去《さ》らんと。慈明曰く、監寺《かんす》是れ般《はん》の事《じ》を知らば便《すなわ》ち休《きゅう》せよと。語未《ごいま》だ卒《おわ》らざるに師大悟す。即ち泥《でい》途《と》に於《おい》て之を拝す。起《た》って問ふ、狭路《きょうろ》に相逢《あいあ》ふ時如何《いかん》。慈明曰く、儞且《しばら》く嚲避《たひ》せよ、我《われ》那裡《なり》に去らんと要すと。師帰り来る。来日威儀《らいじついぎ》を具《ぐ》して方丈《ほうじょう》に詣《けい》して礼謝《らいしゃ》す。慈明呵《か》して曰く、未在《みざい》と。

慈明《じみょう》禅師石霜楚円《せきそうそえん》は、臨済下《りんざいか》五世汾陽善昭《ふんようぜんしょう》禅師の弟子で、この人は初め南源山にいたけれど、それから道吾山に移り、さらに石霜山に移った。

『師皆之《しみなこれ》を佐《たす》けて院事《いんじ》を総《す》ぶ』――一つの大きな寺の和尚（住職）が、また別な寺へ移るというんだから大変な仕事ですよ。それを楊岐方会《ようぎほうえ》禅師は、師匠が道吾《どうご》、石霜《せきそう》へと移るあいだ、すべて監寺《かんす》として番頭役をつとめたわけだ。『之《これ》に依ること久《ひさ》しと雖《いえど》も、然《しか》も未《いま》だ省発《せいほつ》有《あ》らず』。楊岐は事務的なことはズーッとやってきているわけだけど、まだ落ち着き場所へ落ち着いていない。事務屋なら事務だけとっていればいいんだけど、仏道修行者としてやっているわけなので「これじゃいけない」という気がいつもあったんですね。

『咨参《しさん》する毎《ごと》に慈明《じみょう》の曰く、庫司事繁《くすじしげ》し、且《しばら》く去《さ》れ』――咨参の咨というのは諮問《しもん》の諮と同じで諮《と》うこと。「仏法とはどういうことか」と和尚に訊ねる。ところがそのたびごとに慈明は「台所の方は忙しいだろう。まあ一所懸命に仕事をやってくれ」、そういって相手になってくれない。この楊岐の場合、前の玄則監寺とは反対に、本当に生命を打ち込んでやっているんで、和尚は「そんなことは問題にしなくてもいいんだ」といっているわけですね。

『他日又問《たじつまた》ふ、慈明の語前《ごさき》の如し』――またいつもの問題をもちだすと、やっぱり同じようにしか答えてくれない。『或《ある》いは謂《い》って曰く、監寺、異時児孫《いじじそん》天下に遍《あまね》うし去らん』

――「監寺和尚よ、将来お前の弟子たちは天下に働くようになるぞ」、その程度しかいわない。『何ぞ忙《ぼう》を用いることを為《な》さん』――こんなに忙しいのに仏法の話なんかもちだすのは余計だ、ということですね。

『一老媼《ろうう》有りて、寺に近づいて居《こ》す。人の之《これ》を測ること莫《な》し。所謂慈明婆《いわゆるじみょうば》なり』――そんな生活をしているなかに、慈明のところに一人の婆さんがいて寺のそばに住んでいた。『慈明、間《ひま》に乗じて必ず彼《かしこ》に至る』――慈明はちょっと暇があると、すぐその婆さんのところへ行っちゃう。ところが『一日《いちじつ》雨作《おこ》る。慈明の将《まさ》に往《ゆ》かんとするを知り、師之《これ》を小径《こみち》に偵《うかが》ふ』――雨の降った日の出来事です。和尚がまたでかけようとするので、楊岐は先廻りして待ち伏せていた。

『既に見て遂に扭住《じゅうじゅう》して曰く、這《こ》の老漢《ろうかん》、今日須《こんにちすべか》らく我が与《ため》に説くべし、説かずんば儞《なんじ》を打ち去らんと』――ばったり出逢って、もう身動きできないところで引っとらえたわけですね。和尚に向かって「どうしても私のために説法してくれ」といった。学人《がくにん》（修行者）としてはこのくらいの気持ちで、本当のネライを和尚に諮《と》うのでなければいけない。それに対して『慈明曰く、監寺是《かんすこ》れ般《はん》の事《じ》を知らば便《すなわ》ち休《きゅう》せよと』――「是れ般の事」というのは禅語としてよく使われる這般《しゃはん》と同じで、仏法の一番大切なことをいう。いや仏法とことさらにいわなくてもいい、人生として一番大切なこと、これは本当は口ではいえない。

大体われわれがいつでも問題にしているのは、いわば外側の話ですね。前にも話したけど、普通にいうところの自分とは外側に対して意識される、これが自分だと思っている。しかしそれは、他との関係上に規定された自分でしかないのであって、決して自己の実物ではない。仏法の話はいつでも自己の実物、生命の実物なんだから、他とのカネアイで規定されない。だから言葉ではいえないし、思うこともできない。例えば心臓が動いているのは、私が「動いている」と思っているから動くのではない。思う思わないに関係なく動いている。心臓だけの話ではなく、われわれが手放しで生きる、思いを超えたところにあるのが生命の実物であり、自己の実物なんだ。

いま「是れ般の事」というのは、口ではいえない生命の実物のことで、それは監寺が監寺の仕事をただやっている、典座が典座の仕事をただやっている。あるいは園頭《えんじゅう》が一所懸命こやし汲みをやっている。自分の役割にしたがって、いまここの生命を働いているところに生命の実物が現成《げんじょう》しているんだ。このただやるというのが祇管《しかん》（ひたすら）ということですね。

大体われわれは自分の存在価値を他に認めてもらうことによって自分があると思っている。例えば子どもに「いいお父さんだ」、細君に「いい旦那さんだ」といわれて初めて自分も満足するところがあるのですね。実際に皆んなが嬉しいのは他とのカネアイで、世間からの点数が「オレはどのくらい」というので生きているわけだ。ところがその点数なしのところでは実に頼りない。
例えばこの安泰寺で生活して、皆んな一所懸命にやっているけど、社会的にいったらこれはまったくの遊び人の生活なんで、いくら一所懸命にやっても社会から月給もらうわけじゃない。月給をもらわないというのは他から存在価値を認めてもらえないということでもある。そうすると「オレが一所懸命に働いているのは一体どういうことか、これじゃただの遊び人じゃないか、これでいいんだろうか」と思わざるを得ないのが当たり前だ。ところがわれわれの修行は、その他とのカネアイを全部取りはらってしまうことなんだ。取りはらってしまうと、自分の裸の姿が社会のなかへコロンとなげ出される。そうすると結局、自己が自己に出逢う、自己の実物に出逢う。それまでは実に頼りない生活だけど、それに出逢うまで修行するよりしょうがないということね。

私は昭和十六年に坊主になったんで、戦中、戦後とずいぶんつらい思いをしてきたけれど、一番悩んだのは昭和二十三年から四年にかけていた信州の貞祥寺《ていしょうじ》の頃ですね。その間、何しろ一所懸命に仏道修行と思っていろいろ仕事をやってきたけれど、社会からは一つも「お前の点数はこれだけ」といってお返しをもらっていない。それで昭和二十三、四年の頃になって「果してこれでいいんだろうか」って深刻に苦しんだ。そしてあの頃につくった詩があります。『自己』という本にも書いたけれど……。

出家者の詩

げに出家者の道はきびしきかな。
そは人間のおもわくよりの道にあらざれば——。
そは人間のおもわくに僅《わず》かなりとも甘えることを許さざるの道なれば——。
出家者は今日の塒《ねぐら》をもたず、空を飛びゆく鳥のごとし。
権利によりておのが生活を保証されることはあらず。
ただ日々授かりしものを感謝してうけ、日々のいのちをつなぎゆくのみ。
出家者はおのが働きによりて、その報酬を予想することは許されじ。
またその交換は僅かなりとも求むることは許されじ。
出家者の働きは底知れぬ谷に投げ入れられたる礫《つぶて》のごとく、
反響《ひびき》もなしにむなしく消え失せたり。
しかも出家者は今日もまた
今日のつとめに働かざるを得ず。
聾《ろう》のごとく、唖《あ》のごとく、ただひとり兀兀《ごつごつ》として働かざるを得ず。
さばれ、出家者はおのが生活を清しとして他人にかたり、他人におのが功徳を説くことは能《あた》わず。
たとえ同行《どうぎょう》なりとも、出家者の道を強《し》うることは能わず。
出家者はただ一人ゆくのみ。
出家者の道はおのれ一人を深め切り拓《ひら》きゆくの道なれば――。
宇宙のなかに彼の助け手はなし。
宇宙のなかに彼の語り手はなし。
出家者はただ一人ゆくのみ。
げに出家者の道は、人間のおもわくよりの道にあらず、きびしき道なれど、
人間が人間にのぼりつめしとき、
人間が真実に生きんとするとき、しかも辿《たど》らざるを得ず。

この「出家者はきびしきかな」というのが、その頃の偽《いつわ》らない声でした。ところが信州でそれをつくづく感じたあげく、この安泰寺に来たので、そのときはもう落ち着いていた。むなしいのも、もう慢性になっていたからね。いや、それはいまだって同じことですよ。大体がナマケ者の男じゃあるけど、しかしながら、いまの自分の配役ってことだけは一所懸命にやっているんですよ。いまこうして皆んなの前でお話していることだって「今日のオレの話

どうだった」と皆んなから点数つけてもらうことはできないんだ。相手とは関係なしにただやっている。それが身につけば安心してやっている。それだけが問題だと思う。いま安泰寺で坐禅している、それは俺の生命の実物としてただやっていることだ。飯炊きするのも托鉢するのも、みんな同じことなんです。

ところでこの慈明のやり方というのは結局のところ、早い話が、いま私がこう丁寧に分かりやすく説明して「ここのところだ」というのじゃないんですね。「監寺和尚、ああ、あの話か、まあ黙ってやってればいいよ」——これはまたそっけない態度ですね。ところが実際としては、この慈明のそっけなさが、むしろ自己ぎりの自己で学人に対しているのね。そして本当に学人を育てあげる力になるわけですね。本当は私みたいに何から何まで身も蓋《ふた》もなく喋《しゃべ》りまくったんじゃ駄目なのね。仕事一つしても「よくやった」といってるようじゃ、本当の学人は育たないんじゃないかと思う。究極はそばに寄せつけないで「ただやれ!」それだけでいい。それで、間違っていれば「馬鹿、間違ってる!」って怒鳴りつける。そうすると世間もアテにならない、和尚もアテにならない、何もかもすべてがアテにならない……。すべての道が途切れたところに自己ぎりの自己が出来上がるわけだ。私がここにいるあいだは「アンヨは上手《じょうず》」って、皆んなのご機嫌とりもしているけど、それが途切れて、いつかはそれぞれが「あっ! これなんだな」と思える日が来ることを信じている。

撥《は》ねつけたり、寄せつけないというやり方をすると、非情な人間が出来上がるんだと思うから、私は弟子たちにそんな非情な人間になってもらいたくないので、まあできるあいだはいつでも「アンヨは上手」ってご機嫌とりしているのであって、最後には自分が独り立ちして、本当に他とのカネアイなし、自己ぎりの自己というところまで行かなきゃならないことはもちろんなんだ。そうすると慈明はそっけないようだけど、また別な意味での「アンヨは上手」をやったことだと思うね。

『語未《ごいま》だ卒《おわ》らざるに師大悟す』——このときに楊岐《ようぎ》は本当に自己が自己に落ち着いた。だから他とのカネアイなしだ。『即ち泥途《でいと》に於《おい》て之を拝す。起《た》って問ふ、狭路《きょうろ》に相逢《あいあ》ふ時如何《いかん》』——雨が降って道が悪い。そこでお拝をしてから楊岐が訊ねた。「この狭い道で本当の生命の実物に出逢ったときどうか」という話だ。ところが慈明はまたそいつを外《はず》している。『儞《なんじ》且《しばら》く軃避《たひ》せよ、我那裡《われなり》に去《さ》らんと要《よう》すと』——「お前ちょっとどいてくれよ、オレは向こうへ行こうと思ってるんだ」。

『師帰り来る。来日威儀《らいじついいぎ》を具《ぐ》して方丈《ほうじょう》に詣《けい》して礼謝《らいしゃ》す。慈明呵《か》して云く、未在《みざい》と』——これがまた慈明の挨拶ですね。楊岐としては、自己が自己になったという意味で、和尚の証明を得ようという気が少しあったのか、あるいはただ純粋に和尚に礼謝しに行ったのか、とにかく威儀《いいぎ》を具して方丈《ほうじょう》（住持の居室）に行ったわけだ。これに対して和尚は『未在』——「まだまだ」と押えられた。しかし楊岐としては、もう本当に自己が自己になっていたと思う。それは次に書いてある。

一日参《いちじつさん》に当《あた》る。粥罷《しゅくや》んで之《これ》を久《ひさ》しふすれども擉鼓《たく》を聞かず。師行者《あんじゃ》に問ふ、今日参《こんにちさん》に当る、何《なん》ぞ鼓《く》を打たざる。行者云く、和尚出《いで》て未《いま》だ帰らず。師径《ただ》ちに婆の処に往《ゆ》くに、慈明《じみょう》は爨《かし》ぎ、婆は粥《しゅく》を煮《に》るを見る。師曰く、和尚今日参に当る、大衆《だいしゅ》久しく待つ、何を以《もっ》てか帰らざる。慈明云く、儞一転語《なんじいってんご》を下《くだ》し得《え》ば即ち帰らん、下し得ずんば各自に東西《とうざい》に去れと。師笠《かさ》を以て頭上《ずじょう》に蓋《おお》ふて行くこと数歩す。慈明大いに喜んで遂《つい》に与《とも》に同じく帰る。是《こ》れより慈明の遊山《ゆさん》する毎《ごと》に師輙《すなわ》ち其《そ》の出《いず》るを瞰《うかが》ふ、晩《おそ》しと雖《いえど》も必ず鼓《く》を撃《う》ち衆《しゅ》を集む。慈明遽《にわか》に還《かえ》り怒《いか》って曰く、小叢林暮《しょうそうりんくれ》にして陞座《しんぞ》す。いずくより此《こ》の規縄《きじょう》を得《え》たるや。師云く、汾陽《ふんよう》の晩参《ばんさん》なり、何《なん》ぞ規縄《きじょう》に非ずと謂《い》はんやと。今叢林三八念誦罷《さんぱちねんじゅや》んで猶《なお》参ずるは、此れ其の原《はじ》めなり。古時《こじ》は監寺《かんす》のみ、近日《きんじつ》、都寺《つうす》と称する即ち監寺なり。副寺《ふうす》と称するも亦監寺なり。近代は寺院繁務《はんむ》なり。仍《よ》って両三《りょうさん》の監寺を請《しょう》するなり。金《きん》陵《りょう》、楊岐《ようぎ》の大事《だいじ》を発明《はつみょう》せしは、正に監寺《かんす》の時に当る。知《し》んぬ監寺の功に酬《むく》ゆる者か。誠に夫《そ》れ、楊岐の如きの粥飯頭《しゅくはんじゅう》は、近代十方に得難《えがた》きもの哉《かな》。

註

参——勅脩百丈清規《ひゃくじょうしんぎ》晩参章に「凡《およ》そ衆《しゅ》を集めて開示するは皆な之を参と謂《い》う」とある。同小参章に「昔、汾陽昭禅師、汾州の太子院に住す。并汾《へいふん》の地苦寒なるを以て、故に夜参を罷《や》む。異比丘の錫《しゃく》を振って至るありて、師に謂いて曰く、会中《えちゅう》に大士六人有るに、奈何《いか》んしてか説法せざるや。言い訖《おわ》って昇空し去る……。時に（石霜）楚円、（大愚）守芝《しゅし》、上首と号す。楚円は即ち慈明なり、後に石霜に住す。飯罷《おわ》らば常に山に行く。時に楊岐会公監寺たり、闞《あ》えて其の出づるに撾鼓《たく》して衆を集む。慈明遽《にわ》かに還って怒数して曰く、暮にして陞座《しんぞ》す、いづこよりこの規縄を得たるや……」とある。**三八念誦**——昔の叢林では朝課晩課等の諷経《ふぎん》はなく、三と八の日に僧堂について十仏名を念じ、土地神に回向し弁道増進を祈った。**都寺**——支那の大叢林では五百人千人の雲水を擁していたので、監寺一人では院務を統制し得なくなり、監寺の上に都寺、監寺の下に副寺をおいた。都寺は院務を統総し、主に政府等との対外事務を執り、監寺は院内の事務を執った。副寺は会計を扱うことが多かったようである。**行者**——侍者とともに住持人の世話をする僧。

『一日参《いちじつさん》に当《あた》る。粥罷《しゅくや》んで之《これ》を久《ひさ》しふすれども撾鼓《たく》を聞かず』——参とは大衆《だいしゅ》を集めて説法することで、この参のあるときには太鼓を鳴らすことになっている。ところが、お粥《かゆ》（朝食）が終わって参のときになったけれど一向に太鼓が鳴らない。そこで『行者《あんじゃ》に問ふ、今日《こんにち》参《さん》に当《あた》る、何《なん》ぞ鼓《く》を打たざる。行者云く。和尚出《いで》て未《いま》だ帰らず』。——「今日は小参の日なのになぜ太鼓を鳴らさないのか」と楊岐《ようぎ》が行者に訊ねると、行者は「和尚がいないから太鼓を打ってもしょうがない」といっている。そこで楊岐は「ははあ、またあの婆さんのところへ行っちゃったな」と考えた。

『師径《ただ》ちに婆の処に往くに、慈明は爨《かし》ぎ、婆は粥《しゅく》を煮《に》るを見る』――急いで婆さんのところへ行ってみたら、和尚はいい気なもんで飯炊きをしている。婆さんはお粥を煮ている――。

話は余計になるけど、この爨《かし》ぐというのは漢字の面白さをよく表わしている字ですね。おなべ（同）が掛かっているところを両手（𦥑）で持っている。その下にかまど（冖）があって、その下には木がつめられ（林）下から大火（灻）を焚いている。これがいかにもかしぐ（飯炊きをする）という感じですね。和語としては「お爨《さん》どん」ということらしい。

『師曰く、和尚今日参《こんにちさん》に当る、大衆《だいしゅ》久しく待つ、何を以《もっ》てか帰らざる』――楊岐はそんな風景を見たもんだから開いた口がふさがらなかった。「一体、和尚は何をしているんですか、大衆は参の始まるのを待っているんですよ。困ったもんだ」、そういった。

『慈明云く、儞一転語《なんじいってんご》を下《くだ》し得《え》ば即ち帰らん、下し得ずんば各自に東西に去れと』――一転語とは本当に生命の地盤から吐きだしたような言葉、それをいったら「オレは帰ってやる。もしお前がその言葉を出せないくらいなら、オレはもう雲水の面倒をみるのがうるさくなったから、皆んなどこへでも行ってくれ」。慈明はこういう和尚だ。

『師笠《かさ》を以て頭上に蓋《おお》ふて行くこと数歩す』――そこで楊岐は笠を持って頭上にのせて「ハ

イさよなら」と行きだした。ところが『慈明大いに喜んで遂《つい》に与《とも》に同じく帰る』――こういうわけだ。

『是《こ》れより慈明の遊山《ゆさん》する毎《ごと》に師輒《すなわ》ち其《そ》の出《いず》るを瞰《うかが》ふ』――それからは楊岐はいつも和尚の出てゆくのを見張っていて「和尚また行っちゃったな」ということで――。こういう和尚だから帰ってくるときもソーッと帰ってくる。『晩《おそ》しと雖《いえど》も必ず鼓《く》を撃《う》ち衆《しゅ》を集む』――和尚が帰ってくると侍者に「それじゃ太鼓を打て」というわけで小参になる。

ところが和尚あるとき『遽《にわか》に還《かえ》り怒《いか》って曰《いわ》く、小叢林暮《しょうそうりんくれ》にして陞座《しんぞ》す。いずくより此《こ》の規《き》縄《じょう》を得《え》たるや』――「こんな晩《おそ》くなってから小参ということはないじゃないか。毎晩こうじゃやりきれない。大体こういう小参のやり方はどこにあるんだ」って怒る。それに対して『師云く、汾陽の晩参《ばんさん》なり、何ぞ規縄《きじょう》に非ずと謂《い》はんや』――汾陽とは慈明の師匠汾陽善昭のこと。要するに汾陽→慈明ということだけの規矩《きく》だというわけ。ほかはほか、ここはここのあり方があるというんだね。和尚はいつも夕方でなければ帰ってこないので、それから参を始めるのは慈明のところだけだったという。

昔からの規縄や、よその寺のあり方をマネしているのとは違い、ここにはここのあり方があるんだという信念、ここに慈明の会下《えか》（門下）の監寺としての楊岐の自信があり、力量があるわけだ。その自信とは自己が自己に落ち着けばそれでいい、この姿だ。だからもう出来上がっている。

大体いま時分、本山だとか地方の専門僧堂なんかでは小参をやっているけど、どう見たって形式だけのものが多いじゃないですか。だって、いまだに漢文調で問答しているんだから、どうも現代日本に生きているわれわれの人生の中味だとか実質だとかが、そこに本当に盛りこまれないのではないかと思う。私のところではそんな形式はやらない。機会のあるとき――まあ茶菓子のあるときですが、私の部屋に皆んな集まってお茶を飲む。そのときに私が皆さんのご機嫌をうかがうと同時にお互いの問題についての話が出ることもある。私としてはこうした茶話の席が小参の気分なんだ。あるいはご飯のあと、皆んなと一服しながら世間話をしたり、いろいろなことを話したりしている。それでもいいわけだ。大切なのは生命の実物を生きる、みずみずしい弟子師匠の暖かさで出逢う。これが参の精神でなければならないと思う。

ともすると大きな叢林では形式だけがやかましい。大きな叢林ではそれもやむを得ないかも知れないが、とにかくそこでは和尚とか役寮とかがいて、いつでも大衆《だいしゅ》の動向を見張っている。そして師匠と弟子との暖かい触れあいがなくなりやすい。そういうところの役寮は、たいていいつも外出しているので大衆がどうしているか分からない。そして婦人会の人だとか側近の尼みたいなのが告げ口をする。それを聞いて「あいつそんなことをしているのか」

そういう気持ちでいる。しかし私はここにいて大衆を見守ることはしても、決して見張っているのじゃない。私としては何も朝の坐禅にも夜の坐禅にも出やしないけど、しかしなるべく外へはでかけないことにつとめている。そして大衆を暖かく見守っている。これが私の配役であり、つとめだと思っているわけです。

それはしかし一般の家庭でも同じはずです。オヤジはいつも家にいないから、めったに子どもの顔を見ないでいて、たまに細君に「この頃うちの息子の様子はどうだ」って訊《き》く。それで勉強を怠けているようだって訊くと「よし、一つ叱ってやろう」という。これがいけないんだ。大切なのは父親と子どもがいつでも暖かく出逢っていることだと思う。

それはまた学校でも同じです。いまの学校では生徒がどんなことをしているか見張っていて、それを捉えて説教する係の先生がいるらしいけど、それは本末顚倒だ。いまの社会は見張ることだけで、暖かく見守るということがまったく欠けていると思う。大切なのは暖かく見守ることですね。

私は安泰寺で私の弟子たちを見守っているけど、決して見張ることはしてはならないんだと信じている。これが安泰寺のやり方で、この規縄はどこから得たかといえば、それは安泰寺から得た。しかしこれは余程の自信をもっていなければできないぜ――（自笑）。

『古時《こじ》は監寺《かんす》のみ、近日《きんじつ》、都寺《つうす》と称するは即ち監寺なり。副寺《ふうす》と称するも亦監寺なり』

――道元禅師の時代の中国の大叢林では都寺だとか副寺だとかいうのがあるけど、もともとは監寺だけがいて仕事をしたということですね。『金陵《きんりょう》、楊岐《ようぎ》の大事《だいじ》を発明《ほつみょう》せしは、正に監《かん》寺《す》の時に当る』――この正当《しょうとう》（正に当る）が大切だ。これは本当に監寺をつとめあげることで、そのほか、何んの配役にあっても、その配役をつとめあげることだ。正当とはマッポシ（真星）ということ。結局、自己の生命の実物をつとめあげることなんだ。まったく他とのカネアイなしで、いま当たっている配役、役割にすべての生命をなげ込むことが大切。『誠に夫《そ》れ、楊岐の如きの粥飯頭《しゅくはんじゅう》は、近代十方に得難《えがた》きもの哉《かな》』――粥飯頭というのは、ここでは番頭役のことで、楊岐のような素晴らしい監寺はどこにでもいるというわけじゃない、ということですね。

アタマ手放し、全体の生命を働く——休静《きゅうじょう》維那《いのう》の話

有道《ゆうどう》の維那《いのう》に充《あ》たりし例。

京兆《けいちょう》華厳寺《けごんじ》の宝智大師《ほうちだいし》、諱《いみな》は休静《きゅうじょう》、洞山《とうざん》に嗣《つ》ぐ。師曽《かつ》て楽普《らくほ》に在りて維那と作《な》る。白槌普請《びゃくついふしん》して曰《いわ》く、上間《じょうかん》は柴を搬《にな》へ、下間《げかん》は地を鋤《す》け。時に第一座問ふ、聖僧《しょうそう》は作麼《そも》生《さん》。師云く、堂に当《あた》って正坐せず、那《なん》ぞ両頭《りょうとう》の機《き》に赴《おもむ》かん。

註 維那——梵に羯磨陀那《かつまだな》、karmadānaといい、中国には悦衆という。維は綱維《こうい》の義で維那は梵漢合糅語《ごうじゅうご》。六知事の一で山内の紀綱を取締ると共に大衆の世話役でもある。

ここに出てくる休静《きゅうじょう》禅師は、洞山悟本大師《とうざんごほんだいし》の弟子で、京兆《けいちょう》（長安の地、現今の陝西《せんせい》省西安府）華厳寺《けごんじ》に住職したから華厳の休静ともいう。宝智大師は諡号《しごう》です。『師曽《かつ》て楽普《らくほ》に在りて維《い》那《のう》と作《な》る』——楽普は洛浦の別名で、洛浦山元安禅師のこと。休静はそこで維那になった。『白槌普請《びゃくついふしん》して曰く』——僧堂のなかには槌砧《ついちん》というのがあって、維那和尚が大衆《だいしゅ》に告知

するとき、それを「カチッ」と叩いて白《い》うので白槌という。普請というのは大衆を集めて作《さ》務《む》することで、工事のことを普請というのはもともと禅寺の言葉です。それが一般にもゆきわたって、昔は村で藁葺屋根《わらぶきやね》を葺《ふ》きかえたりするとき、村の人たちに出てきてもらって、皆んなに手伝ってもらうので、これを普請といった。それがいまでは工事することを普請というように変わっている。『上間《じょうかん》は柴《しば》を搬《にな》へ、下間《げかん》は地を鋤《す》け』――皆んなに作務に出てもらうように白槌して維那和尚がいったわけだ。僧堂にはまんなかに文殊《もんじゅ》さんがあり、その北側の部分が上間で、南側の部分が下間です。そこで「上間の人たちは薪《たきぎ》作務をやってくれ、下間の人たちは畑作務をやってくれ」といった。

『時に第一座問ふ、聖僧《しょうそう》は作麼生《そもさん》』――聖僧というのは、堂のまんなかに奉《まつ》ってある文殊菩薩のこと。安泰寺の文殊さんは、沢木老師の像を造った金安さんという人が彫った僧形《そうぎょう》の文殊さんで、獅子の座でちゃんと坐禅している。ところが、普通の文殊さんはそうではなしに、右手に剣を持ち、左手に経軸《きょうじく》を持ったりしている。その上、坐禅しないで片足をダラーンと垂れて別な足を曲げているのが多い。だから『堂に当《あた》って正坐せず、那《なん》ぞ両頭《りょうとう》の機《き》に赴《おもむ》かん』――聖僧さんは大体、堂内で坐禅していないくらいだから、そのいずれでもないということ。こいつがまた面白い。前には「自己の実物」「生命の実物」の話をしたわけですが、ここにはそういう生命の実物、自己の実物はどういう働き方をするかが書いてある。それで

『那《なん》ぞ両頭の機に赴《おもむ》かん』これが大切だ。

なぜかというと、われわれはいつでも他との関係《かねあい》で目が覚める。例えば競馬にカネをうんと賭けたら一所懸命に見入っている。あるいは金儲けや研究という奴は目標相手があるからやる。ところが大切なのは、そういう相手のないところに自己の実物がただ働くということです。そこには他との関係《かねあい》はない。他との関係《かねあい》なしのところで、しかしながらこちらのレーダーはいよいよはっきりさせておく。そうすれば何んでもここに映し出されるわけだ。もちろん、そのはっきりしたレーダーも、写真機のように像を焼きつけてしまったらもう他のことは映らない。ちょっと出逢ったあの娘《こ》の顔が焼きついていると、もう身動きがとれない。焼きつけることなし、一方的に固着することなしに、ただ自己の生命そのものを磨いている、これが大切です。

われわれがもっている固着したアタマというのは、別に大した理由があって出来上がったわけではなく、むしろいつの間にか、何んとはなしにこびり着くわけですね。例えば、私の知人の奥さんに、玉子だけをもの惜しみする人がいる。その家はかなり裕福なもんだから何んでもご馳走してくれる。ところがそこの細君は、玉子だけは貴重品みたいにして出し惜しみする。蓋《けだ》しそれは、その細君の育った大正時代には玉子は非常に高いものだった。いまの値段でいえば一コ百円ぐらいしていた。だからその時代の人には「玉子は貴重品だ」というアタマがある。ところが、この頃は時代が変わってずいぶん安くなっているのに、いまだに自分の育った大正時代の感覚で何んとはなしに「玉子は貴重品だ」と思い込んでいるわけだ。

お嫁さんと姑《しゅうとめ》さんのとの争いやいがみ合いも、大体こんなところから始まっていると思うね。お嫁さんが赤い着物を着ているのに、姑さんは「赤いハデな着物を着るのは男の目を引きたいからだ」という気持ちがある。そうするとこれがいがみ合いのもとになる。赤い着物を問題にするのは、いまでは男の奴まで着ている時代なんだから少し時代錯誤しているけど、結局はどうでもいいことを、もっともらしく問題にしているのが常だ。このどうでもいいことのなかにいて、いつの間にか目のクセが出来上がって、それを絶対のものとして押し出すようになる。そうすると、本当はどうでもいいその目のクセが、和合を破壊することにもなって、それでは主客顚倒だ。何んといっても一番大切なのは実際に和合するということです。いまの地球のことでも、平和が一番大切なんだと決まったようにいっているけど、ではその平和とは何か。アメリカ側の奴にいわせれば民主主義的な平和、中国側の奴にいわせれば社会主義的な平和ということで、結局の話は平和と平和で戦争も始めかねない。これが主客顚倒でしょう。そこで平和ということ一つでも、何か固着した考え方をもっていると、それがろくでもない争いを起こすわけです。

いままでいろいろと固着した考え方の話をしたけれど、それではトラワレナイのがよいかというと、これがまた問題だ。その辺の寺の参禅会に行くと、どこでもチョビ髭を生やした居士《こじ》というのがいて威張っているもんだ。「衲《わし》はこの老師のところで何十年」、それで「要するに禅はトラワレナイのが大切」、そんなことをいう。ところがこんな居士こそ第一に「トラワレナイ」ということにとらわれているのが多いじゃないですか。要するに他人《ひと》のことについてはとらわれさせないけど、いざ自分のこととなると急にとらわれる奴がある。その点、本当にとらわれない『那《なん》ぞ両頭の機に赴《おもむ》かん』ということが大切だ。公案の一つや二つ通って、髭を生やして威張っているような及び腰の修行では駄目だ。そのためには、知事として叢林の配役のなかにあって、その仕事を本当につとめあげるのでなければ『那ぞ両頭の機に赴かん』という自己ぎりの自己、生命ぎりの生命は出てこないわけだ。この生命の働きこそが大切なんだ。

これは結局の話、自動車運転にたとえられる。夕方になって私が散歩に行くと、そこの玄《げん》琢《たく》自動車教習所から「練習中」と書いた車が出てくるけど、これが危いんだ。こういう車の運転士は、教わったことだけを守ろうとしながら運転している。それは規則通りにやっているんだろうけど、どうもギコチない。その点、タクシーの運ちゃんはやっぱりプロだけあってうまい運転をするので安心していられる。ハンドルを自由自在な気持ちで操っているので、そのハンドルさばきはいわば手放しなわけだ。しかしながらアタマははっきりと覚《さ》めている。

これが自由な働きで「両頭の機」に堕しないことですよ。大切なのは毎度いうように、どれというところに留めないで、そこに全体としての生命がいきいきと働くということです。

洛浦《らくほ》に維那として、洞山《とうざん》に法嗣《はっす》たり。尊宿《そんしゅく》の非細《ひさい》、有道《ゆうどう》の嘉躅《かしょく》なり。若《も》し師の維那の時を以て、今の長老の輩《やから》に挌《くら》べんと欲《ほっ》せば、今時《こんじ》の長老等は、未《いま》だ師の維那の時に及ばざるなり。

註　**尊宿**——偉い坊《ぼん》さん。　**非細**——スケールの大きいこと。　**有道の嘉躅**——嘉《よ》い古人の足跡。

『今時《こんじ》の長老等は、未《いま》だ師の維那の時に及ばざるなり』——これは確かにそうだ。例えば『上間は柴を搬《にな》え、下間は地を鋤《す》け』といったときに、『聖僧は作麼生《そもさん》』という首座《しゅそ》の問いもなかなか垢《あか》ぬけしているけど、それに対して『堂に当って正坐せず、那ぞ両頭の機に赴《おもむ》かん』という、スカーッとした答えのできる和尚はまずいまどきどこにもいやしない。ここに「長老」とあるのは住職のことで、休静ほどの力量をもった人はいまの住職にもいやしないというんだけど、それは確かですね。

この行以外、行くところがない――士珪《しけい》維那《いのう》の大悟

維那の時大悟せし例。

温州《うんしゅう》龍翔《りゅうしょう》の竹菴《ちくあん》士珪《しけい》禅師は仏眼清遠《ぶつげんせいおん》和尚に嗣《つ》ぐ。師始めて龍門《りゅうもん》に登り、即《すなわ》ち平時《へいじ》の所得《しょとく》を以《もっ》て仏眼に白《もう》す。眼曰く、汝《なんじ》が解心《げしん》已《すで》に極《きわ》まる、但着力開眼《ただじゃくりきかいげん》を欠《か》くのみと。遂《つい》に堂司《どうす》に職《しょく》たり。一日侍立《いちじつじりゅう》の次《つい》で問ふて云く、対待《たいだい》を絶《ぜっ》する時如何《いか》ん。眼曰く、汝が堂《どう》中《ちゅう》に白槌《びゃくつい》するが如くに相似《あいに》たり。師措《お》くこと罔《な》し。眼、晩《ばん》に至りて堂司《どうす》に抵《いた》る。師復《ま》た前話《ぜんな》を以て之を問ふ。眼曰く、閑言語《かんごんご》。師言下《ごんか》に於《おい》て大悟《だいご》す。眼曰く、今復《ま》た言ふこと無し。

『温州《うんしゅう》龍翔《りゅうしょう》の竹菴《ちくあん》士珪《しけい》禅師』――この人は前の楊岐《ようぎ》禅師から、楊岐方会《ようぎほうえ》―海会守端《かいえしゅたん》―五《ご》祖法演《そほうえん》―仏眼清遠《ぶつげんせいおん》―竹菴士珪とつながる人です。

『師始めて龍門に登り』――龍門とは舒州《じょしゅう》龍門で仏眼清遠の寺だ。『即ち平時《へいじ》の所得《しょとく》を以《もっ》て仏眼に白《もう》す。眼曰《げん》く、汝が解心已《げしんすで》に極《きわ》まる、但着力開眼《ただじゃくりきかいげん》を欠《か》くのみ』――これはいま自

分が理解していることを一応和尚に申し上げたわけだが、大体、自分のことを他人《ひと》に向かって「これでようございましょうか」と訊ねるのは、まず自分が自分になっていない証拠だ。他人の証明を請《こ》うのは、結局の話、もう他とのカネアイになっているわけです。そこで仏眼がいった。「お前はもう分かることは分かっているけど、自己の実物になっていない」。そうしたところですね。

『遂《つい》に堂司《どうす》に職《しょく》たり』――堂司とは僧堂の司、つまり維那のことだ。竹菴士珪禅師は仏眼清遠のところで維那としてつとめていた。『一日侍立《いちじつじりゅう》の次《つい》で問ふて云く、対待《たいだい》を絶《ぜっ》する時如何《いかん》』――われわれはいつでも他とのカネアイで生きている。だからその他とのカネアイなしの自己、「対待を絶した奴はどうか」ということですね。『眼曰く、汝が堂中《どうちゅう》に白槌《びゃくつい》するが如《ごと》くに相似《あいに》たり。師措《お》くこと罔《な》し』――ところが竹奄士珪はチンプンカンプンで何をいわれたのか分からない。

『眼《げん》、晩《ばん》に至りて堂司《どうす》に抵《いた》る。師復《ま》た前話《ぜんな》を以て之を問ふ』――和尚は晩になってまた堂司の竹菴士珪と出逢った。そこでもう一度「対待を絶した実物とは何か」、そう和尚に訊いたわけだ。さっきの和尚の答えでは『汝が堂中に白槌するが如くに相似たり』――要するに維那が白槌する。槌《つち》をもって全体を統率してゆくことが維那の生命を懸けた仕事で、それが生命の実物なんだ。だから維那としてはそれだけでいいんだ。典座《てんぞ》が典座の仕事をする。水《すい》頭《じゅう》が水を汲んでくる。——昔の叢林《そうりん》では谷川から水を担《かつ》いで運んだわけだが、それは配役として生命を懸けた仕事なんだから、これが対待を絶した法で、生命の実物ですよ。だから『汝が堂中に白槌するが如くに相似たり』、それでいいんだ。ところがそれが分からないので、またもちだして「その対待を絶した法とは何んですか」と訊く。

『眼曰く、閑言語《かんごんご》』——「無駄口きくな！」そうやられた。大体、自分がやっている仕事のなかに生命の実物が働いているんだから、それだけでいいんだ。それなのにこれのほかに特別な何かがあるかと思うのが余計なことです。『師言下《ごんか》に於《おい》て大悟《だいご》す』——本当に他との取引なしに、いまの自分の配役である仕事を真っ直ぐやる。要するにいつも私のいう「出逢うところわが生命」として只《ただ》やっているんなら、もうそれでいい。これがまず大切だ。それと同時に「ここでやっている以外にどこへも行くところがないんだ」と決まらなければ駄目だ。

話としてはこのように二段になるわけで、まずいまの仕事に全部をなげ入れて働く、実物をやることです。仕事をしながら「これやると、いくらになる」、あるいは「もっといい仕事はないものか」、そういっていつもキョロキョロしているようでは、それは初めから実物がないから駄目だ。次に本当にそういう仕事が身について、これが全部なんでそのほかの仏法の悟りはないいんだというところまで行かなければ駄目なんだ。竹菴士珪はそういうところに落ち着いた。そのとき『師言下に於て大悟す。眼曰く、今復《ま》た言ふこと無し』――それで終わりなんだ。だからもうそれ以上は実物だからいうことがない。

仏眼《ぶつげん》は五祖山《ごそざん》の演和尚《えんおしょう》の神足《じんそく》なり。珪公《けいこう》、祖宗の血気《けっき》を稟《う》けて維那《いのう》に当《あた》るの時、誠に是れ好時の逢遇《ほうぐう》なり。今鼓山《いまくざん》と称するは則《すなわ》ち師なり。仏祖の言句《ごんく》を拈古頌古《ねんこじゅこ》すること、師の称誉《しょうよ》肩《かた》を斉《ひと》しうするもの少し。

註　拈古頌古――拈古は昔の人の言句機縁等を拈ずること、つまり提唱すること。頌古は同じくそれを詩で表現すること。

これは維那和尚のとき大悟したという例ですね。

生命の俺が生きる気で生きる
——霊祐典座《れいゆうてんぞ》の時節因縁

典座の時に大事を発明《はつみょう》せし例。
大潙《だいい》百丈《ひゃくじょう》に在って典座《てんぞ》と作《な》る。一日方丈に上って侍立《じりゅう》す。百丈問ふ、阿誰《たれ》ぞ。山《さん》曰く霊祐《れいゆう》。百丈云く、汝炉中《ろちゅう》を撥《あば》いて火有りや否《いな》や。師撥いて云く、火無し。百丈躬《みずか》ら起《た》ち深く撥《あば》いて少火を得、挙《こ》して以て之を示して云く、此れは是れ火にあらずや。師発悟《ほつご》し礼謝《らいしゃ》して其《そ》の所解《しょげ》を陳《の》ぶ。百丈云く、此れは乃《すなわ》ち暫時《ざんじ》の岐路《きろ》のみ、経に曰く、仏性《ぶっしょう》を見んと欲せば当《まさ》に時節因縁《じせついんねん》を観《かん》ずべし。時節既《すで》に至れば、迷うて忽《たちま》ち悟るが如く、忘れて忽ち憶《おも》ふが如し。方《まさ》に省《かえり》みれば己物《こもつ》なり。他より得るにあらず。故に祖師の云く、悟り了《おわ》れば未悟《みご》に同じし。無心《むしん》にして無法を得ると。只《ただ》是れ虚妄《こもう》無し、凡聖《ぼんしょう》等しく本来《ほんらい》の心《しん》を心《しん》とす。法元《ほうもと》自《おのずか》ら備足《びそく》す。汝今既に爾《しか》り、善《よ》く自《みずか》ら護持《ごじ》せよと。

この話にも前に出てきた潙山霊祐《いさんれいゆう》禅師が出てくるけど、ここに登場する人の系譜はこんなふうになる。

馬祖道一《ばそどういつ》 ─┬─ 百丈懐海《ひゃくじょうえかい》 ─┬─ 潙山霊祐《いさんれいゆう》 ── 仰山慧寂《きょうざんえじゃく》
　　　　　　└─ 華林和尚《かりんおしょう》　　　　└─ 黄檗希運《おうばくきうん》 ── 裴公休《はいこうきゅう》

大潙《だいい》（潙山霊祐）が大事を発明《はつみょう》したのは典座和尚をしているときだった。あるとき、百丈禅師の隣りの部屋で大潙が炉のなかの灰をゴソゴソと掻《か》きまわしていた。そのとき百丈が「誰か」といったので、潙山が「はい、霊祐です」と答えた。そしたら『百丈云く、汝炉中を撥《あば》いて火有りや否《いな》や』——「炉のなかには火があるのかどうか」といった。そうしたら霊祐が「へえ、ありません」。それを聞いて百丈は自分で立って行って炉を掻きまわして、ほんのちょっとした火を掘り出して、そいつを潙山霊祐の鼻先に突きつけて、『此れは是れ火にあらずや』——そうしたもんだから、霊祐和尚まいっちまった。

『師発悟《ほつご》し礼謝《らいしゃ》して其《そ》の所解《しょげ》を陳《の》ぶ』——典座という配役の仕事からいえば、火の後始末は大切なことですね。例えば竈《かまど》の灰を捨てるのにも、ほんのちょっとでも火があるとこれは大問題なんだ。火のある灰を灰捨場に捨てておくと、その火がくすぶっていて、長い時間かかって火が起こってくる。すぐ火になるのなら注意もできるけど、一晩かかってそれが全部火になることがある。そうすると火事になるおそれがあるんですね。昔の火事はたいがい残り火の不始末から起こっているわけだ。

この話もいまのように見れば、そうした味わいもある。しかしながらその次に『当に時節因縁を観ずべし』という言葉が出てくるので、それはただ炉中の灰だけではないわけですね。「炉のなかに火があるか」というのは、大体、人々《にんにん》の分上《ぶんじょう》に仏性《ぶっしょう》があるかないかということでもある。もしそれなのに、霊祐が「仏性はありません」と答えたら断見ですよ。要するに、われわれはふだん生活のなかに仏性を働かせていないんだから、まったく灰みたいなものだけど、それでは灰のなかに仏性がないのかというと、ちゃんと仏性の火はある。皆んな誰だって生命として実物を生きていない人はない。

『百丈云く、此れは乃《すなわ》ち暫時《ざんじ》の岐路《きろ》のみ』――そういうわけで炉中の火よりも仏性の火の方が大切だといった。『経に曰く、仏性《ぶっしょう》を見んと欲せば当《まさ》に時節因縁《じせついんねん》を観《かん》ずべし』――これは涅槃経《ねはんぎょう》の言葉だけど、この当観（当に観ず）というのが大切だ。正法眼蔵「仏性の巻」に「当観《とうかん》といふは、能観所観《のうかんしょかん》にかかはれず、正観邪観等《しょうかんじゃかんとう》に準ずべきにあらず、これ当観なり」と出ているけど、当観というのは正しくそれに当たることですね。このときには、観るもの（能観）、観られるもの（所観）という浮いた話は成り立たない。あるいは正しい（正観）、間違っている（邪観）の問題でもない。要するに当観といったら実物のことなんだ。前にもいったように「時節因縁を当観する」――時節因縁の実物に生きるということです。眼蔵には、それに続いて「当観なるがゆゑに不自観《ふじかん》なり、不佗観《ふたかん》なり。時節因縁聻《じせついんねんにい》なり、超越因縁《ちょうおついんねん》なり、仏性聻なり、脱体仏性《だったいぶっしょう》なり、仏仏聻《ぶつぶつ》なり、性性聻《しょうしょう》なり」とあるけど、この実物がある限り自と他、観る観られるということはない。あるいは正と邪というように二つに分かれるものがない。これが実物ですよ。

それでは、われわれがその実物を生きる、時節因縁の実物に生きるとはどういうことかといえば、それは特別なことじゃない。「日日《にちにち》是《こ》れ好日《こうにち》」で、毎日お陽さんは昇ってくるし、沈んでいくんだし。本当は悪い日はないわけだ。

私も二十代の頃、オヤジが破産したとき、世の中は真っ暗なような気がした。そういう気になるんだけど、やっぱりお陽さんは昇ってくる。真っ暗なのはこちらのアタマだけで、お陽さんはカンカン照っていても、こちらの目を閉じてしまえば真っ暗になるんだ。ところが、落ち着いて目を見開けば世の中は明るいんだ。自分のアタマでは世の中は真っ暗に思えることもある。けれども目さえはっきり開ければ、日日是れ好日なんだ。時節因縁の実物なんだ。事実悪い日がない、これが、もうすでに時節因縁の実物ですよ。

時節因縁という、この実物をよく見なければならない。竹の音を聞いて悟りを開いた香厳《きょうげん》という人は「どうしても悟れない」といって、草の庵を結んで庭や道を掃くだけの生活をしていた。ところがそうしたある日、道路を掃いていたら、石ころがぶつかってコロコロって竹籔《たけやぶ》の方へ転がっていき、カチンと鳴った。その「カチン」という音で悟りを開いたという話がある。これは時節因縁に驚かされたわけだ。

いまわれわれは皆んなこの因縁をもっているけど、皆んなそれを忘れている。早い話が「何かパッとしたことはないもんか」と思っている。しかしながら、毎度いうように自分の心臓へ手を当ててみると「あっ、動いている!」。これにびっくりしないようじゃ因縁がいくらあっても駄目だ。事実、俺が意識してもしなくても動いているのが生命の実物で、その実物にびっくりしないで、金儲けや火の玉がとんだぐらいのことに一所懸命になり、びっくりしているのが世間の人だ。それは皆んな因縁を見過ごしているわけだ。

因縁というのは刻々にあるわけで、竹に石がぶつかっただけが因縁じゃない。われわれが摂心《せっしん》をやっていると、時々おもての道路からそこの竹籔に石を投げこむ奴がいる。だからそのカチンという音を聞いて皆んな悟りを開いてもいいはずだ。ところがそうでもない。あるいは桃の花を見て悟りを開いた人もある。そうしたら、菊の花を見て悟りを開く人があってもいいわけだ。安泰寺にはきれいな菊の花が咲いている。ところが誰も悟りを開く人がいないのは因縁を見失っているわけだね。いまわれわれは、時節因縁に目を開いてみたら、どこにでも生命の実物が転がっているわけで、これが当観です。

私の話は、よくまあこんなに身も蓋《ふた》もなく説明するんで、どうかと思うけれど、しかしよく知性としても理解できて、まず自分が本当に心臓に手を当ててみるということをいいたいわけだ。心臓に手を当ててみて「あっ！　動いている。不思議だ」といって驚いたらもう悟りを開くわけですよ。

『時節既に至れば』——そこで本当に悟ることとは、結局の話、われわれのもっている生命で、やる気でやり、生きる気で生きることなんだ。

この私たちの安泰寺へは、いつもいろんな学生たちがやって来て、皆んなと一緒に作務《さむ》をするけど、その仕事の態度を見ていればどんな奴か分かるわけだ。とにかくこんな何も縁のない寺へやって来て、仕事をさせられて面白くない。それで「早くもういいっていってくれないかなあ」と思いながらやっている。それはやる気でやっているんじゃないし、生きる気で生きているんじゃない。とにかくこの安泰寺へ来た限りは、何か損得でない、世間的なやりとり取引の話でないことをやろうとして来ているはずなんだ。大体、損得に関わらないことをやるんでないなら、こんな寺へ来たって意味ないですよ。

それでは、やりとり、取引、関係《かねあい》でない話とは一体何か。それは「自己の実物を生きる」ことで、いま仕事に出逢ったらその仕事をやる気でやる。やる気でやるときは、もう生きる気で生きているんだ。このときには悟りだ迷いだとかは余計なことなんだ。つまり「生命の実物を生きる」ということは、悟りと迷いとの二つに分かれる以前、そこに生きていることで、それ以外にないんだ。

そのときに『迷うて忽《たちま》ち悟るが如く、忘れて忽ち憶《おも》ふが如し』――結局の話、これが迷悟分離以前だ。だから「忘れた」、「覚えた」という分離以前のところでやる気でやり、生きる気で生きる以外にないんだ。

『方《まさ》に省《かえり》みれば己物《こもつ》なり。他より得るにあらず』――「オレが生きることはどうしても他人に代わってもらえないんだ」というところに決定《けつじょう》しなければならない。たいがいの場合、俺が生きるということをカネでもって他人に代わってもらえるぐらいに思っている。例えば病気の手術をするのに、「うんとお金を出しますから、なるべく痛くないように」といってみたって始まらない。つまり、自分の身体の手術の痛さはカネで代わってもらうことはできない。俺の生命はどこまでも俺が生きてゆくのみです。

『故に祖師《そし》の云く、悟り了《おわ》れば未悟《みご》に同じし』――生命の実物という点からいえば、悟ると悟らないのとは同じことなんだ。悟れば食物がよく消化するということはないんだ。どうせ実物、どっちにしろ俺が生きている以外にないんだから。

『無心《むしん》にして無法《むほう》を得ると。只是《ただこ》れ虚妄《こもう》無し、凡聖《ぼんしょう》等《ひと》しく本来の心《しん》を心《しん》とす』――無心とは非思量《ひしりょう》のこと、無法とは不染汚《ふぜんな》の法で、つまり非思量で働くところに初めて不染汚の法に出逢うわけだ。そこには虚妄ということはない。皆んな本当の生命をもって生きている。その生命を本当に充実して、いま此処《ここ》にやる気でやるだけ。それだけで十全に働くんだ。

坐禅といえばいかにも只《ただ》坐っていればそれだけでいいと思うけど、道元禅師の知事清規にのべられているのは、実際に叢林のなかで何かの配役について、その仕事を誠心誠意働くなかに、そうした意味での坐禅を実修することが書かれてある。坐禅と実際の働きの両面でゆかなければ本当の生命が分からない。

『法元自《ほうもとおのずか》ら備足《びそく》す。汝今既《なんじいますで》に爾《しか》り、善《よ》く自《みずか》ら護持《ごじ》せよ』——いま自分が出逢っているものごとをおろそかにしたら、もう自分の生命をおろそかにしているんだ。いま出逢うところの仕事を、本当に大切に気を入れてやればこそ、自分の生命を大切にしているといえるんで、それがいつも私のいう「出逢うところわが生命」ということですね。

山を拓《ひら》くなかに人生態度を切り拓く ——大潙禅寺の草創

司馬頭陀湖南《しばずだこなん》より来《きた》る。百丈之《ひゃくじょうこれ》に謂《い》って曰《いわ》く、老僧潙山《ろうそういさん》に往《ゆ》かんと欲す、可《か》ならんや。頭陀曰く、潙山は奇絶《きぜつ》なり、千五百衆《しゅ》を聚《あつ》むべし、然《しか》も和尚《おしょう》の所住《しょじゅう》に非《あら》ず。百丈曰く、何《なん》ぞや。対《こた》へて云く、和尚は是《こ》れ骨人《こつじん》、彼《かしこ》は是れ肉山《にくさん》、設《たと》ひ居《こ》すとも、徒千に盈《み》たじ。百丈云く、吾《わ》が衆中《しゅちゅう》に人の住《じゅう》し得《う》るもの有ること莫《な》きや否や。対《こた》へて云く、之《これ》を歴観《れきかん》せんを待て。百丈乃《すなわ》ち侍者《じしゃ》をして第一座を喚《よ》び来らしむ。即ち華林和尚なり。問ふて云く、此の人如何《いかん》。頭陀謦欬一声《けいがいいっせい》して行くこと数歩せしめ、対《こた》へて云く、此の人は不可なり。又典座《てんぞ》を喚び来らしむ。即ち祐師なり。頭陀云く、此れは正《まさ》しく是れ潙山の主なりと。百丈是《こ》の夜《よ》、師を召《め》し入室《にっしつ》せしめ嘱《ぞく》して云く、吾《わ》が化縁此《けえんここ》に在り、潙山は勝境《しょうきょう》なり、汝当《なんじまさ》に之《これ》に居《い》て吾が宗《しゅう》を嗣続《しぞく》し、広く後学《こうがく》を度《ど》すべしと。時に華林之《かりんこれ》を聞いて曰く、某甲《それがし》忝《かたじけな》くも上首《じょうしゅ》に居《こ》す。祐公何《ゆうこうなん》ぞ住持《じゅうじ》することを得ん。百丈云く、若《も》し能《よ》く衆に対して一語を下《くだ》し得て出格《しゅっかく》ならば、当《まさ》に住持を与《あた》ふべし。即《すなわ》ち浄瓶《じょうびょう》を指して問ふて云く、喚んで浄瓶と作《な》すことを得ず、汝喚《よ》んで什麼《なに》とか作《な》さん。華林云く、喚んで木楔《ぼくとつ》と作《な》すべからず。百丈肯《がえん》ぜず、乃《すなわ》ち師に問ふ。師浄瓶《じょうびょう》を踢倒《てきとう》す。百丈笑って云く、第一座山子《さんす》に輸却《ゆきゃく》すと。遂に師をして潙山に往かしむ。是の山峭絶《しょうぜつ》にして夐《はるか》に人煙《じんえん》無し、師猿猱《えんどう》を伍《とも》と為《な》し、橡栗《ぞうりつ》を食《じき》に充《あ》つ。山下《さんか》の居民稍稍《きょみんしょうしょう》として之を知る。師、衆《しゅ》と共に梵宇《ぼんう》を営《いとな》む。卒《つい》に李景譲奏《りけいじょうそう》して同慶寺《どうけいじ》と号す。相国裴公休《しょうこくはいこうきゅう》嘗《かつ》て玄奥《げんおう》を咨《と》ふ。是より天下の禅学輻湊《ぜんがくふくそう》す。

註　**司馬頭陀**――司馬祥禎といわれる。司馬はもと軍事を司る官名だが、ここでは司馬氏の頭陀という意味である。頭陀は頭陀行《ずだぎょう》即ち清貧に甘んじて仏道修行をする人のこと。**潙山**――潭州《たんしょう》（湖南省寧郷県《ねいきょうけん》の西）の地にある山名、この名は湖南省澧陵《れいりょう》にある小潙山に対して大潙山ともいう。唐会昌《かいしょう》の破仏《はぶつ》後、仏教は潙山から復興したという。**入室**――方丈即ち師匠の室に入るの意で、ここでは百丈懐海の法を嗣いだこと。**山子**――山の子、野蛮な人の意。**輸却**――輸字には、運ぶという意味のほかに負けるという意味がある。ここでは取引きに負けたこと。**峭絶**――甚だしくけわしいこと。**梵宇**――梵はけがれなき清浄の義、宇は屋根、家。ここでは仏寺を指す。**李景譲**――唐宣宗に仕えた人で潙山草創の頃、潭州の武官をしていた人。**裴相国**――裴休、河東節度観察使から戸部尚書《こぶしょうしょ》（戸籍を調べる官名で、相国―大臣の位）に進んだ人。**輻湊**――輻輳《ふくそう》のことで、ものの一所に集まる義。

ここで少し話が変わる。司馬頭陀《しばずだ》という人は馬祖《ばそ》の随身といわれ、在俗の禅者です。また、人相地相に通じた人で、方々の山を見て歩いてはあちらこちらにお寺を建てた。この人が潙山《いさん》という大きな山を発見したらしいんだ。それで百丈のところへ来て話した。『百丈之《これ》に謂《い》って曰く、老僧潙山に往《ゆ》かんと欲《ほっ》す、可《か》ならんや』――「うーん、そういう山があるのか、それじゃオレが行こうじゃないか」といった。ところが『頭陀曰く、潙山は奇絶《きぜつ》なり、千五百衆《しゅ》を聚《あつ》むべし、然《しか》も和尚の所住《しょじゅう》に非ず』――潙山は非常に規模が雄大で、そこへ寺を建てたら千五百人は集まる。しかし「和尚はあきまへん」といわれてしまった。『百丈曰く、何ぞや。対《こた》へて曰く、和尚は是《こ》れ骨人《こつじん》、彼《かしこ》は是れ肉山《にくさん》』――「あなたは骨っぽい人で豊かなところがない。せいぜい炉中の灰を撥《あば》いて小っちゃな火を突出すぐらいの人だから駄目だ」と。これは馬鹿にハッキリいったもんだ。

大体、百丈という和尚は、年をとってからもあんまりよく働くもんだから、弟子たちがもう作務《さむ》だけはご遠慮願おうと道具を隠してしまった。そうしたら「もう食うわけにはいかない」とストライキを起こした。そしてまた道具を出したときに「一日作《な》さざれば一日喰《くら》わず」といったような人だから、真面目な人ではあるけど、そう豊かな人じゃないと思う。だから千五百人もの雲水を集められる潙山に行ったたって駄目だといわれてしまった。これはよく人を見ている。

『百丈云く、吾が衆中《しゅちゅう》に人の住し得《う》るもの有ること莫《な》きや否《いな》や』――「衲《わし》の弟子たちではどうか」、『対《こた》へて云く、之を歴観《れきかん》せんを待て』――「それではその人をまず出して下さい。

鑑定してみましょう」。司馬頭陀という人も馬祖の随身だけあってしっかりしている。そうしたわけで『百丈乃《すなわ》ち侍者《じしゃ》をして第一座を喚《よ》び来《きた》らしむ』——この第一座があとに出てくる華林《かりん》和尚ですね。『問ふて云く、此の人如何』——第一座というのは首座《しゅそ》のことで、一番筆頭格の華林和尚を呼んできて「この和尚ではどうだ」といった。

『頭陀謦欬一声《けいがいいっせい》して行くこと数歩せしめ、対《こた》へて云く、此の人は不可なり』——そうしたら頭陀が「まずエヘンといいながらちょっと通ってみて下さい」といったので、第一座は百丈と頭陀の前を「エヘン」といいながら通って行ったら「この人もあきまへん」とやられた。

『又典座を喚び来らしむ』——それで次にやって来た典座が潙山霊祐なんだ。この人が「エヘン」とやりながら通った。まあどんなふうにやったのか、どうせ私がマネしても合格しっこないからやらないけど、とにかくやった。『頭陀云く、此れは正《まさ》しく是れ潙山の主なり』——「ううむ、この人なら潙山の主になるにふさわしい人だ」といったのね。

『百丈是《こ》の夜《よ》、師を召《め》し入室《にっしつ》せしめ嘱《ぞく》して云く、吾が化縁此《けえんここ》に在り、潙山は勝境《しょうきょう》なり、汝当《まさ》に之《これ》に居《い》て吾が宗《しゅう》を嗣続《しぞく》し、広く後学《こうがく》を度《ど》すべし』——百丈はその夜、霊祐和尚に嗣法させていった。「オレが行こうと思ったんだけど、落第しちゃったのでしょうがない。オレはここにいるけど、お前が行って大いにやってくれ」と。この百丈という人も大した人には違いないけど、やっぱり人間の大きさというのでは、百丈も千五百の主というわけにはいかないんでしょう。そこで潙山を霊祐に嘱したわけだ。

ところがその話を聞いた第一座である華林が『某甲《それがし》忝《かたじけな》くも上首《じょうしゅ》に居《こ》す。祐公何《ゆうこうなん》ぞ住持することを得ん』――「私はいままで和尚の許《もと》で第一座をつとめてきているのに、霊祐和尚の方が先にそっちへ行くのは不都合じゃないですか」といい始めた。

『百丈云く、若《も》し能《よ》く衆《しゅ》に対して一語を下《くだ》し得て出格《しゅっかく》ならば、当《まさ》に住持を与《あた》ふべし』――そこで百丈は、華林に「お前が衆に対して本当に生命から吐き出すような言葉――一転語《いってんご》――をいい得て、それが開いた口がふさがらないほどケタ外れだったら、もちろんお前に潙山の住持を与えるだろう」といった。

『即ち浄瓶《じょうびょう》を指《さ》して問ふて云く』――浄瓶というのは、まあいまの湯のみでいい。『喚んで浄瓶と作《な》すことを得ず、汝喚《よ》んで什麽《なに》とか作《な》さん』――そういったら『華林云く、喚んで木《ぼく》楔《とつ》と作《な》すべからず』――「木ぼっくれといっちゃあいけません」といったけど、これはあまり出格じゃない。それで『百丈肯《がえん》ぜず』――次に霊祐和尚にいったら、霊祐和尚はこいつをコンコロコンと蹴飛ばして行っちゃった。

『百丈笑って云く、第一座山子《さんす》に輸却《ゆきゃく》すと』――「霊祐という野蛮な奴にお前、一本取られたな」って百丈がいった。それで『遂に師をして潙山に往かしむ』――。

ところが行ってみたら大変だ。潙山は大きな山には違いないけど『敻《はるか》に人煙《じんえん》無し、師猿猱《えんどう》を伍と為し、橡栗を食に充つ』——ものすごい山の奥だから猿なんかを相手にし、橡《とち》の実とか栗だとかを食べて山を切り拓《ひら》かなければならなかった。

この潙山和尚には、弟子の仰山《きょうざん》とのあいだにこんな話がある。それはこの潙山を切り拓いて田をつくるとき、土地の高低が問題だから「あっちの方が高い、こっちの方が低いぞ」と潙山がいう。そうすると仰山が「いやこっちの方が高い、あっちの方が低い」とやるので「じゃあ水を張ってみろ。水は平らだからな」と潙山がいった。ところが仰山は「いや水もアテにはならない」そして「高処《こうしょ》は高平《こうへい》、低処は低平」といった。これはまあ素晴らしい言葉だね。とにかく高いところは高いところなりに平和、低いところは低いところなりに平和なんだからね。山のなかで田を開墾しているなかに、そういう宗乗《しゅうじょう》（人生態度）を一口にいい表わす言葉が出てくる。

あるいは茶畑にもぐり込んで仕事しているとき、潙山が「お前をずいぶんしばらく見ないけど、どこにいるのかよ」といったら、仰山が茶の木をガサガサと動かしたという話もある。この潙山と仰山は非常に仲がよかったとみえて、この二人の話は親子の会話みたいな形で伝えられているけど、片方がこういうと片方はその反対をいう。その反対によって宗乗をいい表わすけど、宗乗というのはそういうものなんだ。差別と平等の両面がいわれて初めて立体的な一つのものになる。これがのちに潙仰宗《いぎょうしゅう》という宗風になっていくわけだ。

要するに山のなかで田を切り拓いたり、茶を摘んだりするという作務のあいだに、宗乗を拈提《ねんてい》している。これが知事清規のいいたいところだ。

『山下《さんか》の居民《きょみん》稍稍《しょうしょう》として之を知る』——山の下に住む人たちも、この頃なんだか山のなかでモソモソしているけど「ははあ、修行者たちが集まっているんだな」って、だんだん知るようになった。『師、衆《しゅ》と共に梵宇《ぼんう》を営む』——そして潙山の山奥に大きな寺を造り上げた。

『卒《つい》に李景譲《りけいじょう》奏《そう》して同慶寺《どうけいじ》と号す。相国裴公休《しょうこくはいこうきゅう》嘗《かつ》て玄奥《げんおう》を咨《と》ふ。是より天下の禅学輻湊《ぜんがくふくそう》す』——宣宗皇帝に仕えた李景譲や、大臣まで進んだ裴休—この人は黄檗に随身した人—が潙山について聞法したものだから、潙山同慶寺という叢林がにぎやかになってきたということですね。

生死という肩書でない生死——仲興典座《ちゅうこうてんぞ》の問い

漸源仲興禅師《ぜんげんちゅうこうぜんじ》、道吾《どうご》の会《え》に在りて典座と為《な》る。一日道吾に随ひ檀越《だんのつ》の家に往きて喪《も》を弔《とぶら》ふ。師手を以《もっ》て棺を拊《う》って云く、生か死か。道吾曰《いわ》く、生《しょう》とも道《い》はじ、死とも道《い》は じ。師曰く、什麼《なん》としてか道《い》はざる。道吾曰く、道《い》はじ道《い》はじと。弔《とぶら》ひ畢《おわ》って同じく廻《かい》途《と》の次《つい》で師曰く、和尚須《すべか》らく仲興が与《ため》に道《い》ふべし、儻《も》し更に道はずんば即ち和尚を打ち去らん。道吾曰く、打つことは即ち打つに任《まか》す、生とも道はじ、死とも道はじ。師遂《つい》に道吾を打つこと数拳《すうけん》す。道吾院に帰って、師をして且《しばら》く去らしむ、少間《しばらく》もせば主事知り了《おわ》って汝を打たんと。師乃《すなわ》ち礼辞《らいじ》し、石霜《せきそう》に往《ゆ》きて前話《ぜんな》及び道吾を打ちし事を挙《こ》す。今請《こ》ふ和尚道《い》へと。石霜曰く、汝見《き》かずや、道吾の生とも道はじ、死とも道はじと道へることを。師此に於《おい》て大悟し、乃《すなわ》ち斎《さい》を設《もう》けて懺悔《さんげ》す。

『漸源仲興禅師《ぜんげんちゅうこうぜんじ》、道吾《どうご》の会《え》に在りて典座と為《な》る』——漸源仲興が道吾のところで典座をしていた。ところがある日、道吾に随って檀家の家に葬式に行った。『師手を以《もっ》て棺を拊《う》って云く、生《しょう》か死《し》か』――漸源が檀家の家で棺を叩《たた》いて「これ生きてんのか、死んでんのか」という。

大体われわれはよく「生きる、死ぬ」という言葉を使うけど、普通の場合、われわれはアタマで考えた死や生を問題にしていて、本当の自分の人生というもの、俺が生きてるのか死んでるのかということを考えないでいる。世間の人は結局、部長だとか課長だとかいう肩書や名前が好きだけど、それは実物の話ではない。これに対して仏法、禅の話は実物でなければならない。

火といったとたんに舌がやけどしないのと同じように、いまの場合でも棺を叩いて「生きてるのか、死んでるのか」といっても始まらないわけですね。つまり人間はいつも言葉で上すべりしてウソばっかりいっている。そこで道吾は『生とも道《い》はじ、死とも道《い》はじ』と答えた。それなのに漸源の方では和尚が意地悪して道《い》ってくれないんだと思っている。『弔《とぶら》ひ畢《おわ》って同じく廻途《かいと》の次《つい》で師曰く、和尚須《すべか》らく仲興が与《ため》に道《い》ふべし』――世間の人は生きる、死ぬということをあまり問題にしないけど、いま漸源仲興は仏道修行者として深刻に生と死を考えているんだから、死人を見て、人間が生きること、死ぬこととはどういうことか、何んとかして和尚にいってもらおうとしているわけだ。ところが和尚の方ではその質問自身「生きる、死ぬ」という名前を訊いているのだから「いわない」という。それでも何んとかいわせようと思って『儻《も》し更に道はずんば即ち和尚を打ち去らん』――と。

『道吾曰く、打つことは即ち打つに任す、生とも道はじ、死とも道はじ』――打たれるのを怖がっていう、いわないなんてことはない。『師遂《つい》に道吾を打つこと数拳《すうけん》す』――とうとうぶん殴ってしまった。

『道吾院に帰って、師をして且《しばら》く去らしむ』――和尚を打ったら寺を出て行かなければならないことになっている。『少間《しばらく》もせば主事知り了《おわ》って汝を打たんと』――主事とは知事か頭首のことですね。「どうせ分かったらお前を追い出すだろうから、その前に自分から出て行け」といったわけだ。

『師乃《すなわ》ち礼辞《らいじ》し、石霜《せきそう》に往《ゆ》きて前話《ぜんな》及び道吾を打ちし事を挙《こ》す』――石霜は道吾の弟子で、もう石霜山の住職をしていた。その人のところへ行って、こういう事件があって「とうとう和尚をぶん殴っちゃった」といった。『今請《こ》ふ和尚道《い》へと。石霜曰く、汝見《き》かずや、道吾の生とも道はじ、死とも道はじと道へることを』――石霜は「道吾はちゃんと生とも死ともいえないといっているじゃないか」と答えた。『師此に於《お》いて大悟し、乃《すなわ》ち斎《さい》を設《もう》けて懺悔《さんげ》す』

――漸源はここで初めて実物に目が向いたんですね。

われわれはいつでも、実物には目が向かないで観念ごと、名前の話、肩書の話、そればかりに目が向いている。例えば世間の人は勤めに出ていると、いずれ肩書の世界でしょう。

ちょっとでも上役だともう威張っている。下役だといつでも上役にペコペコしている。「先生は月給順に並びけり」という川柳があるけど、これが世間だ。そういう上すべりした肩書だけの世界に対して、いま仏法―自己の実物―の話としては、そういう肩書とか名前とかをすべてさらにした生命の実物を問題にするんだ。だから本当は私が生きてんのか死んでんのかということは、これは何んともいう必要がないんだし、とにかく生きているんなら働けばいい。働かないんなら死んでるんだ。結局大切なのはこの生命の実物に目を向けることで、刻々の生命の実物に出逢うことですよ。それで、いまこの場合でも『生とも道はじ、死とも道はじ』と書いてあるわけだ。

しかし、こういう書き方をしてあると、何か神秘的感情のことが書いてあるように思うといけないので、私はまあ、分かりやすく説明するんだけど、そうすると今度は「内山さんの話は分かりやすいですね」といって、この「分かった」というので片付けてしまう人ができる。それじゃあやっぱり、「生命の実物」に出逢っていない。大切なのは実物がどこにあるかということなんだ。

粥鍋上《しゅくかじょう》の文殊《もんじゅ》をぶっ叩く――無著尊者《むじゃくそんじゃ》の炊事役

無著尊者《むじゃくそんじゃ》、五台山《ごだいさん》に在って典座《てんぞ》と作《な》る。文殊《もんじゅ》、粥鍋上《しゅくかじょう》に現ず。無著遂《つい》に打って云く、直饒《たと》ひ釈迦老子《ろうす》来るも、我亦《また》打たんと。

無著文喜《むじゃくぶんき》禅師、この人は仰山慧寂《きょうざんえじゃく》の弟子です。この人が五台山で典座《てんぞ》和尚をしていたとき、『文殊、粥鍋上《しゅくかじょう》に現ず』――朝皆んなが坐禅をしていてシーンとしているなかで、お勝手の方では典座が一人でお粥を炊いているわけだ。その時間はまだ朝も早いし、だだっ広い台所で一人お粥をグズグズやっていると、その薄暗いなかに赤い炎があるだけのところにお粥の湯気が立っている。まして冬の寒い朝なんて、そこに神秘的なことが起こっても不思議ではない。それで文殊さんがフーッと現われた。「おお、貴公なかなかよくやるのう」という具合いね。そしたら『無著遂《つい》に打って云く、直饒《たと》ひ釈迦老子《ろうす》来るも、我亦《また》打たんと』――「たとえお釈迦さんが出てきたってオレはぶん殴るぞ」といった。

大体、文殊さんは僧堂（坐禅堂）のご本尊さまだ。典座として火を燃やしながら坐禅のことを考えたとしたら、そこにもう文殊さんが出ていて、これは無駄なわけだ。典座のときは典座の仕事だけを一所懸命やる。それだけでなければならない。典座の仕事をやりながら坐禅のことがアタマに浮かんできたら、これはぶん殴って消さなければならない。たとえお釈迦さんが現われても、つまり仏法ということを考えても、これは余計なことなんだから消さなければならない。

典座のときは典座の仕事だけをやる。そしてまた、坐禅のときは坐禅だけをやることが大切です。もちろん「坐禅のときは坐禅だけをやる」というのは、坐禅中に坐禅のことばかり考えることではないですね。大体、私は言葉が多すぎるから、これを聞いて坐禅中に私のいったことを考えている人があるけど、これはとんでもないことで、そんなことをしていたらノイローゼになるに決まっている。随聞記《ずいもんき》にも「道を得ることは心を以て得るか、身を以て得るか……心を以て仏法を計校《けきょう》する間は、万劫千生《まんごうせんしょう》得べからず」（正法眼蔵随聞記第二）と出てきているけど、これが大切なんだ。

坐禅をするのにも仏法と出逢わない坐禅をしたのでは困るから「仏法とはこういうものだ」という一応の話をするわけです。それをまったくしないで「ただ坐ればいいんだ」といって自分の思いの続きで坐っていたら、それでは仏法と出逢わない。だから「本当の坐禅はこうだ」と指さすわけね。その話を聴いて、坐禅しながら「坐禅とはアタマを手放しにすることだ」ということを考えていたのでは、もう第一、アタマを手放しにしていない。それは指さした指を見ているんで、そんなこと安泰寺の摂心で一週間も続けたら、これはノイローゼになる。

坐禅のときは、実際に骨組みと筋肉で坐禅の姿勢をし、アタマを手放しにして自己の実物になることが大切だ。同じく典座のときは、典座の実物をやる。しかしこれを体験するのは容易なことではない。一応炊事の技術が上達してくると、今度はアタマが宙に遊んできて、タイミングが狂ってくる。そこで典座として技術もタイミングも心掛けも、典座としてだけやるというふうに揺《ゆす》り込まれるためには、やはり長年叢林にいて、その仕事をやってみなければならないと思う。この姿勢が出来上がってくるところが修行なんだ。こうしたときには、坐禅のことや他の仕事のことなど余計な妄想はなし。それは無駄なことだからですね。

知事清規の話は私たちの日常の仕事、働きのなかに、自己の実物を工夫するという、生活の態度が一々のべられているんですね。

全体を活かすなかに黙って死ぬ——大乗菩薩僧法遠《ほうおん》

葉県《せっけん》の帰省《きせい》和尚、厳冷枯淡《げんれいこたん》なり、衲子之《のっすこれ》を敬畏《けいい》す。舒州浮山《じょしゅうふざん》の法遠《ほうおん》禅師と、越州《えっしゅう》天衣山《てんねざん》の義懐《ぎかい》禅師と衆《しゅ》に在《あ》る時、特に往《ゆ》いて参扣《さんこう》す。正に雪寒に値《あ》ふ。省、訶罵駆逐《かばくちく》す。以至《しかのみならず》水を将《も》って旦過《たんが》に潑《そそ》ぐ、衣服皆湿《うるお》ふ。其の佗《た》の僧は皆怒って去る。唯遠《ただおん》と懐《かい》とは敷具《ふぐ》を併畳《びょうじょう》し衣を整へ、復《また》旦過の中に坐す。省到って呵《か》して曰く、儞《なんじ》更に去らずんば我儞を打たん。遠、近前《きんぜん》して云く、某《それがし》二人、数千里特に来って和尚の禅に参ず、豈《あに》一杓《いっしゃく》の水潑《すいはつ》を以て之れ便《すなわ》ち去らんや、若《も》し打ち殺さるるとも也《ま》た去らじ。省笑って云く、儞両箇《りょうこ》は参禅を要す、却《かえ》り去って掛搭《かた》せよと。

註　厳冷——厳しく冷たい。枯淡——豊かでなくさっぱりしていること。旦過——修行僧が他の僧堂（修行道場）へ安居《あんご》するとき、一夜を過ごす部屋。掛搭——旦過寮でその寺の規矩《きく》等を習い安居を許されて後、初めて僧堂（即ち坐禅堂は、単に坐禅するだけの場所ではなく、寝食等の主だった生活をする場所でもある）へ掛搭することができる。掛搭とは、もと自分の名を掛け荷物を載せるという意味。

知事清規のなかの話はどれもこれも重要で面白い話だけれど、そのなかでも殊に面白く大切という話が二つ三つある。これはその一つです。私自身この話を特に印象しているのは、ちょうど昭和二十年の暮、私は丹波《たんば》の十方寺へ行った。それまで十九年から二十年一杯は炭焼をしたり、潮汲をしたりして住むところが定まらなかった。それが漸《ようや》く丹波に小っぽけな庵が見つかったから「そこへ行け」と沢木老師がいったので、私と興嶽さんと二人で行ったわけだ。それから戦争が終わって外地から復員してきた連中だとか、ポツダム坊主とかがだんだん集まってきて、丹波の十方寺という小さな庵寺にも結構人がいたわけです。

丹波は京都より一段と寒いところで、冬のさなかは炬燵《こたつ》に入って、そんな老師と私と二人だけのとき、老師が「お前、知事清規をよんだことがあるか、永平清規はわれわれにとって一番大切な本だ。雲水に出るときは袈裟文庫のなかに必ず永平清規を入れて行くもんだ」といって自ら手ずから袈裟文庫のつくり方を教えて下さった。そしてそのとき、「永平清規のなかでも知事清規は特に大切だ」といって、知事清規の名所をいくつかひろいよみして下さった。そのなかにこの法遠《ほうおん》の話が入っていた。この話はあとに出てくる法演の話とともに、特に重要です。

『葉県《せっけん》の帰省《きせい》和尚』——これは前に出てきた汾陽善昭《ふんようぜんしょう》の弟弟子です。『厳冷枯淡《げんれいこたん》なり、衲子《のっす》之《これ》を敬畏《けいい》す。舒州《じょしゅう》浮山《ふざん》の法遠《ほうおん》禅師と、越州《えっしゅう》天衣山《てんねざん》の義懐《ぎかい》禅師と衆《しゅ》に在《あ》る時、特に往《ゆ》いて参《さん》扣《こう》す』——浮山法遠はのちに葉県帰省の法を嗣いだ人。天衣義懐は雲門宗の人です。この二人がまだ雲水時代に帰省禅師のところへ修行にでかけていったところが、ちょうど冬のさなかで雪の寒いときだった。『省、訶罵駆逐《かばくちく》す』——帰省は初っ鼻から罵《ののし》って「帰れ帰れ」とやる。それでも帰らないもんだから『しかのみならず水を将《も》って旦過《たんが》に潑《そそ》ぐ』——「ふん、まだいたのか」って、まるで犬でも追っ払うように旦過寮で坐禅しているところへ水をパッパッとひっかけた。これはひどいやり方だ。『衣服皆湿《うるお》ふ。其の佗《た》の僧は皆怒って去る』——「ずいぶん馬鹿にしている和尚だ。この寒いのに水なんかぶっかけやがって、犬じゃあるまいし」っていって皆んな帰ってしまった。ところが『唯遠《ただおん》と懐《かい》とは敷具《ふぐ》を併畳《びょうじょう》し衣《え》を整へ、復《また》旦過の中に坐す』——坐具を敷いて旦過寮にずっと坐っていた。

『省到って呵して曰く、爾《なんじ》更に去らずんば我爾を打たん』——「まだ帰らないんならどつくぞ」といった。道を求める者が水をぶっかけられたぐらいで尻ごみするようじゃ、もう求道者とはいえない。とにかく道を求めて師匠につくのならどんな目に逢おうともつき抜くだけの気持ちをもっていなければならない。それを「坊主になりたいんです」とやって来て、「ああそうか」っていう具合に坊主になったような奴はどうせそれだけでしかない。人間だれでも一つの試練がくわわってきて初めて本物が現われてくるんですね。いまの場合、葉県帰省和尚のところでは初めから試練ですね。旦過寮にやって来て寒いなかに水をぶっかける。「それでも帰らないというのなら置いてやる」というわけですからね。

道を求めて修行するというのは本物に出逢うことです。私は坊主になる以前、西洋哲学を勉強したり、キリスト教を勉強したりしていた。ところが西洋哲学もキリスト教も俺の歩む道ではない。仏教が俺の歩む道だ。そのなかでも道元禅師の坐禅こそが俺のやりたいことだということがはっきりしてきた。そこまできて坊主になったわけですよ。いままでやってきたのはアタマで勉強し、アタマでそう思った、観念の話だ。ところが今度坊主になって実物に出逢ったらこれはつらいわけだ。

私は、昭和十六年、沢木老師について群馬県の大中寺《だいちゅうじ》で坊主になった。その頃の大中寺はなかなかよくやっていた。毎朝四時に必ず起きて坐禅をして、それから朝課《ちょうか》を誦《よ》んで、飯台（朝の食事）が終わると日天作務《にってんさむ》。夜坐《やざ》も毎日必ず二時間はやっていた。それまでの私の生活が自堕落だったので、それはつらかったですよ。その上、九時に開枕《かいちん》（就寝）になっても、私は冷え性なもんだからなかなか眠れない。朝四時になるとまた起こされる。もうフラフラになっていた。そのときいつでも考えていたのは「オレはやりたいことの実物に初めて出逢ったのだから、その実物から逃げ出しちゃいけない」ということでした。「葉公《せっこう》が竜を愛するが如くなるべからず」という言葉があるけど、葉公という人は非常に竜が好きで、彫刻も竜ならば、絵も竜、置き物も竜、いつでも竜づくめの部屋にいた。そうしたところが本物の竜がその噂《うわさ》を聞いて「にせものの竜でさえあんなに愛している葉公だから、本物のオレが顔出したらどんなにか歓待してくれるだろう」と葉公の家の窓からヌーッと顔を出した。そうしたら、葉公は気絶したという。

にせものが好きで本物は駄目というのが葉公ですね。修行というのもアタマで考えて「これはいいもの」といって修行し始め、修行の本物に出逢ったら「ああたまらない」と逃げていく。これはみんな彫竜を愛することだ。そうではなくて、真竜に出逢ったら本当に喜んでいよいよ取り組まなければならない。

『遠《おん》、近前《きんぜん》して云く、某《それがし》二人、数千里特に来って和尚の禅に参ず、豈一杓《あにいっしゃく》の水溌《すいはつ》を以て之れ便《すなわ》ち去らんや』――「私たち二人はとにかく数千里も歩いてやって来ているのだから、そんな一つや二つぶん殴られたり、水をかけられたからって帰るもんじゃありませんよ」と、こういうことになってしまった。修行者として本当に修行しようとする限り、つらいことも乗り越えてゆくだけの力がなければならない。本物に出逢い「オレはどうしてもこれよりほかに行く道はないんだ」というときに初めてそういう生命の底力が出てくるんだ。

早い話が私みたいな意気地《いくじ》のない奴が大中寺の生活でも、戦中戦後のどさくさのひどい時代でも、とにかく乗り切って坊主をしてきた。これを考えてみると「オレはこれよりほか、生き方がないんだ」って決まっていたからできたわけです。「なんとか他に生き方があるんだ」という気分でいたらとてもやれませんよ。われわれいつでも本当に決定した歩みをしなければならない。つまり実物で行く、そのときに初めて『豈《あに》一杓の水澆を以て之れ便ち去らんや』という力が出てくる。

『若《も》し打ち殺さるるとも也《ま》た去らじ』——雲水というのはぶん殴り合いなんてなさそうだけど、その実いくらでもある。ぶん殴られるのが怖いようでは仏道修行なんてやっていられない。しかし、変なところへ命懸けになっちゃいけない。カッとしてなる命懸けは簡単だけど、時間をかけての命懸けは大変なことだ。水をぶっかけられるぐらいのことは何んともないけど、何んともないところで只面壁《めんぺき》している、これはつらいことだ。でも「坐禅——これが実物だ！」と決まったら、とにかく何んにもないところで実物する。これだけが大切だ。

『省笑って云く、儞両箇《なんじりょうこ》は参禅を要す、却《かえ》り去って掛搭《かた》せよと』——「お前達は坐禅したらいい。掛搭してもいい」ということになった。実物のところへ歩もうと決まったとき、初めて参禅が許されるわけだ。

続《つい》で遠《おん》を請《しょう》して典座に充《あ》つ。衆其《そ》の枯淡《こたん》に苦しむ。省偶《たまたま》庄《しょう》に出づ、遠、鑰匙《やくじ》を竊《ぬす》み油麺《ゆめん》を取り、五味粥《ごみしゅく》を作って熟す。省忽《たちま》ち帰って赴堂《ふどう》す。粥罷《しゅくや》んで堂外《どうがい》に坐し、典座を

請《しょう》せしむ。遠至る、省云く、実に油麺を取って煮粥《しゃしゅく》すや。情《まこと》なり、願はくは乞《こ》ふ和尚責罰せよ。省所直《しょち》を算《さん》し衣鉢《えはつ》を估《う》りて還《かえ》し訖《おわ》らしめ、打つこと三十拄杖《しゅじょう》して院を出だす。遠、市中に舎《しゃ》し、道友に託して解免《げめん》せんとす。省允《ゆる》さず。又曰く、若《も》し帰ることを容《ゆる》さずんば、祇《ただ》乞ふ衆に随って入室《にっしつ》せんと。省亦《また》允《ゆる》さず、省一日街に出づる次《つい》で、遠の独り旅邸の前に立つを見て、乃《すなわ》ち云く、此れは是れ院門の房廊《ぼうろう》なり、儞此《なんじ》に在って住すること許《こ》多《た》の時ぞ、曽《かつ》て租銭《そせん》すや否《いな》や。所欠を計りて追取せしむ。遠、難ずる色無し。市に持鉢《じはつ》し、銭と化して之を送る。省又一日街に出で之が持鉢するを見る。帰って衆の為に曰く、遠は真に参禅に意有りと。遂《つい》に其を呼んで帰らしむ。

『続《つい》で遠《おん》を請《しょう》して典座《てんぞ》に充《あ》つ。衆其《そ》の枯淡《こたん》に苦しむ。省 偶《たまたま》 庄《しょう》に出づ』――今度は法遠が典座になった。ところがこの葉県《せっけん》の帰省《きせい》はあんまり枯淡すぎて度を越えているので、そこの雲水たちは食うものもろくに食わされないで皆んなフラフラになっていた。そこへある日、和尚が村の方へ出て行った。

『遠、鑰匙《やくじ》を竊《ぬす》み油麺《ゆめん》を取り、五味粥《ごみしゅく》を作って熟す』――ここが面白い。道元禅師の正法眼蔵をよみ、随聞記とかを見ている学者は、何んといっても道元禅師といえば清廉潔白で、悪いことはちっともしちゃいけない聖人みたいな人だと思っているのではないだろうか。ところがその道元禅師が法遠の盗みのことを非常に褒めている。皆んな厳冷枯淡でもって栄養失調になっている。ところが庫のなかには油麵があるというなら、それは融通したらいい。法遠和尚は典座だから、それで鍵を盗み、庫のなかに入り込んで油麵を取ってきて皆んなにご馳走してやる。これは大いに結構だ。ただこの場合、厳冷枯淡なる和尚にぶん殴られるぐらいのことは覚悟しなければならない。皆んなのためには一肌脱ぐ、この精神をもっているのが菩薩というものだ。いつでもわれわれは全体を活かすという精神で行動する。そしてそのために間違ったらどんな苦しみでも受ける。地獄を怖がっているようじゃしょうがない。いまここで道元禅師はこの法遠のやり方を非常に褒めているところを特に印象して欲しい。あとの方に『中に就《つ》いて遠典座の心操、学せずんばあるべからず。千載《せんざい》の一遇《いちぐう》なり』『法遠《ほうおん》の心術是れ遠慮なるのみ』といって褒めている。道元禅師とはこういう人なんで、また知事清規のいわんとするのもこれなんですね。

『省忽《たちま》ち帰って赴堂《ふどう》す』――五味粥がようやく出来上がって、さあ皆んなで食べようとしたら、和尚いつの間にか帰ってきて飯台に坐っている。さあ大変だ。

『粥罷《しゅくや》んで堂外《どうがい》に坐し、典座を請《しょう》せしむ』――食べ終わってから「典座を呼べ」というわけだ。『遠至《おん》る、省云く、実に油麵《ゆめん》を取って煮粥《しゃしゅく》すや』――「今日の油麵はどうしたんだ」という。和尚が大事に大事に庫のなかにしまっておいた油麵だからね。『情《まこと》なり、願はくは乞《こ》ふ和尚責罰せよ』――「どうぞ私を罰して下さい」と真っ直ぐいった。そしたら『省所直《しょち》を算《さん》し衣《え》鉢《はつ》を估《う》りて還《かえ》し訖《おわ》らしめ、打つこと三十拄杖《しゅじょう》して院を出だす』――「今日の油麺はいくらだ。お前の衣鉢を売って立て換えろ！」っていう。こりゃあひどい話だ。それから盗んだ罪は別口というわけで、三十棒喰《くら》わして追い出した。

『遠、市中に舎《しゃ》し、道友に託して解免《げめん》せんとす』――昔の中国の寺は大きいので旅邸といって町の方に遠方から来た客を泊めるところがあった。法遠はそこに住んで、まあこれぐらいのことだから頼めば許してくれるだろうと思って、友達に和尚のところへ取りもってくれるように頼んだわけですね。ところが帰省和尚そんなに甘くない。『省允《ゆる》さず』――「そんな馬鹿なことがあるか」って取り合わない。『又曰く、若《も》し帰ることを容《ゆる》さずんば、祗《ただ》乞ふ衆に随って入室《にっしつ》せんと』――「もし帰ることが許されなければ、せめて皆んなと一緒に入室だけでも」と願ったが『省亦允《またゆる》さず』――とうとう許さなかった。

『省一日街に出づる次《つい》で、遠の独り旅邸の前に立つを見て、乃《すなわ》ち云く、此れは是れ院門の房廊《ぼうろう》なり、儞此《なんじ》に在って住すること許多《こた》の時ぞ、曽《かつ》て租銭《そせん》すや否や』――ある日帰省和尚が街へ出て行ったら法遠が旅邸の前にいたので、帰省和尚「なんだお前ここにいたのか、大体これは寺のものだぞ。お前はここに何日泊っていたんだ。家賃は払っているのか」っていう。一日いくらで、泊った分だけ払えということになった。これはひどい。ところがこれに対して『遠、難ずる色無し』——これが大切なところだと思うね。人生において弁解や理窟の通るときは大いに通したらいいんだけれど、時としてはそれが通らないことだってある。そういう場面に出逢ったら黙って死ぬより仕方ないんだ。

私たちの仲間に禅徹道機《ぜんてつどうき》上座《じょうざ》という人がいた。なかなかしっかりした人だったけれど、兵隊に取られて戦死した。この人が戦争に行って最期に大連から長い手紙をよこした。そのなかに「オレみたいな有望な青年たちがこの戦争で敵の弾丸《たま》一発で死ぬ。そんな馬鹿なことがあっていいのだろうか、そう考えてはみるけど、しかしそのときは黙って死ぬよりほかない」と書いてきた。だからなるべく鉄砲玉の来ないところで生きるようにすることが大切だけど、しかし鉄砲玉がどんどん来るようなところへ出されることだってある。人間にはどんなことだってある。私なんかはこれで還暦まで生きのびてきたけど、それは有難いといわなければならない。しかしやはりそうした私でも、黙って死ぬということはいつでも覚悟しなければならなかったことは何度もある。

私が西郷南洲翁の伝をよんだのは東京の至誠寮《しせいりょう》にいたときのことでしたが、その本によると、西南戦役を実際に引き起こしたのは大体、桐野利秋なのだそうです。それで最期に城山で切腹するときに、西郷南洲の弟が「桐野利秋のためにオレたちは死ななければならないんだ」と南洲に愚痴をいった。そしたら西郷南洲は「黙って死ね」といったと書いてあった。

ちょうどこれをよんだ頃、いろいろ複雑な事件が起こっていて、私自身もそれこそ黙って死ななければならない破目に追い込まれていたので、この言葉に特に感銘した。それでその後、防府（山口県）の護国寺の摂心で、私は沢木老師からさんざんにひどく怒られたことがあったが、私はまったく死んだつもりで一切弁解せず、まったく黙っていることができた。

大体、師匠にちょっと文句をいわれたぐらいで直ぐ口答えしたり弁解する、こんなのはもう仏道修行者としての資格はないね。とにかく外的評価というのは当たっているときもあれば、まったく違っているときもある。当たっていたら反省すればいい、違っていたら「オレのことではないんだ」と思っていればいい。外的評価を無視できないようでは、自己の実物を生きているとはいえないもの。仏道修行というのは自己の実物を生きること、自己の実物に出逢うことなんだから、外的評価が違っていれば、そこでそれを活かして修行しなければならない。そこで『遠、難ずる色無し。市に持鉢《じはつ》し、銭と化して之を送る』――托鉢してお金をためて、それを常住《じょうじゅう》（寺の会計）に入れていた。

『省又一日街に出で之が持鉢するを見る。帰って衆の為に曰く、遠は真に参禅に意有りと。遂に其を呼んで帰らしむ』――そこで初めて帰省和尚が「法遠は本当の意味の道心で生きているんだな」といって、呼んで帰らせたというわけですね。しかしながら、こんな師匠についたらやり切れない。少しひどすぎるからね。

仏海の龍象、祖域の偉人——典座の心操

大潙《だいい》百丈《ひゃくじょう》の典座に充《あ》てられて以来《このかた》、水を運び柴を搬《はこ》びて衆苦《しゅく》を難《なん》とせず、年を経《ふ》るを記せず。果して乃《すなわ》ち百丈の命《めい》を稟《う》け、大潙の主《しゅ》と為《な》る。大潙に住する時、万縁閑素《ばんえんかんそ》なるのみ。天饌人饌《てんせんにんせん》未だ送らず、橡栗枯淡《ぞうりつこたん》なり。雲衆水衆《うんしゅすいしゅ》未だ参ぜず、山猿を伍《とも》と為《な》す。古聖《こしょう》の苦学たりと雖《いえど》も、宛《あたか》も是れ晩進の励志《れいし》なり。典座の職は之を尊崇《そんすう》すること、眼睛《がんぜい》瞞《まん》ずべからず、頂顙《ちょうねい》最も高しとす。漸源《ぜんげん》は勝躅《しょうちょく》なり、古蹤《こしょう》須らく慕ふべし。無著は霊《れい》蹤《しょう》なり、玄侶《げんりょ》軽んずること莫《なか》れ。中に就いて遠典座の心操、学せずんばあるべからず。千載の一遇なり。賢不肖《けんふしょう》共に及び難き者なり。然《しか》れども典座若《も》し遠公《おんこう》の志気《しいき》を経《へ》ずんば、学道争《いかで》か仏祖の堂奥《どうおう》に逮得《たいとく》する者ならんや。上来の典座は皆是れ仏海の龍象《りゅうぞう》、祖域《そいき》の偉人なり。今是《かく》の如きの人を求むるに、世界に得べからず。

これはいままでの『典座の時に大事を発明《ほつみょう》せし例』の話を一応結ぶわけですね。『大潙百《だいいひゃく》丈《じょう》の典座に充《あ》てられて以来《このかた》、水を運び柴を搬《はこ》びて』——昔はいまのように水道が出るわけじゃ

ないので、谷から水を汲んで担《かつ》ぎ上げてくる。これが「水を運ぶ」ですね。「柴を搬《はこ》ぶ」というのは柴を採ること。典座としては飯炊き以前に「運水搬柴《うんすいはんさい》」の方が大変だ。これを潙山《いさん》霊祐《れいゆう》はまだ百丈山にいた頃やってきた。『衆苦《しゅく》を難《なん》とせず、年を経《ふ》るを記せず』——これが大切ですね。結局一つの仕事でも一所懸命に打ち込んでやっているあいだに、時間というのは向こう側で通り過ぎてゆくんだ。

時間というものは、よくものごとの真実を表わすと思う。そのときその場の思いつきや気分で行動したらどうせクダラナイに決まっている。芸術作品でも、それを置いといて毎日見ていても飽《あ》きのこないものが一番いいんだそうだけど、確かにそうだと思う。時間が経つほどにだんだん色あせてきて、最後にはもう見るのが嫌になるようなものは悪い作品に決まっている。人間だってそうだ。いまどき種々《いろいろ》な人が偉そうな顔をしているけど、果してどれが本当に価値ある者かということは時間が経《た》ってみなければ分からない。自分の場合でも、自分のどれが真実なのか、時間をかけて自分を見直すことが大切なんだ。私はいつも私の弟子たちに坐禅生活は最低十年はしなければいけないといっているけど、十年経てばものの見方が変わってくる。その目の変化が大切で、思いついたことでも密かに十年は暖めてみる。安泰寺へ来て「安泰寺はいいところだ、悪いところだ」と簡単にいってはいけない。十年経ってから安泰寺の評価をすればいい。私自身もそういうつもりできている。「坊主なんてやめたい」と何度も何度も思ってきたけれど、まず十年経ってからもう一遍見直そうという気分でやっているうちに、もう三十年経ったわけだ。それをやるには摂心をやっているのが一番いい。摂心をやっていると時間が向こう側で通り過ぎるってことがよく分かる。

『果して乃《すなわ》ち百丈の命《めい》を稟《う》け、大潙の主《しゅ》と為《な》る』――これは前に出てきた話で、司馬頭陀《しばずだ》がやって来て「潙山《いさん》という山に寺を建てたらいい」というんで百丈が「オレではどうだ」といったら「あんたはあきまへん」ということになってしまった。それでその代わりに霊祐和尚が行ったわけですね。ところがその潙山に行ってみたら、これが大変な山で、それを切り拓いて本当の叢林にもっていくのだから、これは大変なことだ。

『大潙に住する時、万縁閑素《ばんえんかんそ》なるのみ』――まったくの山のなかで何んにも無いところから始めるわけね。『天饌人饌《てんせんにんせん》未だ送らず』――いわゆる供養というものは一つもない。

「法輪転ずるところ食輪《じきりん》転ず」という言葉をよく宗門の坊《ぼん》さんがいうけど、でも本当は法輪の転じているところには食輪は到らないんだ。食輪を転じようと思ったら法輪は転じちゃならないんだ。坐禅しているところがそんなに豊かなはずがないんだ。お経を誦《よ》んだり、法要をやっている方がお布施が多いに決まっている。

この安泰寺の四代さんは衛藤即応さんで（昭和三十年前後のこと）駒澤大学の学長をしていた。その衛藤さんも大教師だもんだから、あるときどこかの晋山《しんさん》に西堂《せいどう》を頼まれた。衛藤さんは学者で、西堂という柄でもないのに、赤い直裰《ころも》を着て結制にでかけていって、槌《つい》をカチッと鳴らして「諦観法王法《たいかんほうおうほう》、法王法如是《ほうおうほうにょぜ》」というのをやった。そうしたところが衛藤さん、思わぬ収入があった。「カチッ」てやっただけで、その頃でも何万円というお布施をもらった。そのとき衛藤さん、目を丸くしてつくづく「これじゃあ真面目に勉強する奴も、坐禅する奴も、誰もいなくなるのが当たり前だ」といったそうだ。衛藤先生は学長だから方々へ講演を頼まれて行くわけだが、その講演の腹案を考えるのに一所懸命勉強して行く。ところがその講演料はその頃のカネで二千円か三千円がせいぜいだったんでしょう。それを西堂さんということで、赤い直裰《ころも》を他人から借りて、ただ「諦観法王法」とやっただけで何万円というんじゃ、確かにこの方が割が良すぎる。

カネを標準にしていたら、本気にものごとに打ち込むことがいかに馬鹿らしいかということがよく分かる。事実坐禅してたって、おカネなんか転がり込んでくるもんじゃないですよ。それに、おカネをたくさん持っていたら、馬鹿らしくって坐禅なんかしちゃいられないんじゃないかと思う。

供養というのはなかなか難しい。正法眼蔵「行持《ぎょうじ》の巻」にもいくつかの例が書いてあるけど、例えばある和尚が修行をしていると、天人が送食《そうじき》する。ところがその和尚が本当に道を得たときには、もう天人がその和尚の姿を見ることができなかったという。そしてその話のあとに「向来《こうらい》の仏祖のなかに、天の供養をうくるおほし。しかあれども、すでに得道《とくどう》のとき、天眼《てんげん》およばず、鬼神《きじん》たよりなし。そのむね、あきらむべし」という言葉がある。要するに本当の仏道修行をしたときには、裟婆世間からは、この和尚が本当に偉いのかどうか分からなくなる。つまり供養は打ち切られていると考えなければならない。供養されている限り裟婆世間的評価がいい。そのときは未だ修行が到っていないと考えなければならない。だからまた、南泉和尚の言葉を引いて「老僧修行のちからなくして鬼神に覰見《しょけん》（のぞきみ）せらる。しるべし、無修の鬼神に覰見せらるるは、修行のちからなきなり」――修行もしない奴らに、「和尚は偉い」といわれるのは、どうせ修行力が足りないからだというのが「行持の巻」にある。「供養供敬《くようくぎょう》する魔類もあるなり」という言葉もある。

つまり、あらゆる外的評価と関係なしに俺が俺というのでなければならない。だから「法輪転ずるところ食輪転ず」ぐらいのこと考えて、他人からの供養があるから「オレは修行ができてるんだ」なんて考えたら駄目だ。只管《しかん》法輪を転ずるのみですよ。霊祐和尚が潙山に入った初めの頃は、誰も供養してくれる人はいなかった。

『橡栗枯淡《ぞうりつこたん》なり』――橡はトチの実、栗はクリの実。要するに木の実を採って、それを食べて生活してきている。『雲衆水衆《うんしゅすいしゅ》未だ参ぜず、山猿を伍《とも》と為《な》す』――雲水たちも集まらない。ただ自分一人でやっている。山猿だけが仲間だった。『古聖《こしょう》の苦学たりと雖《いえど》も、宛《あたか》も是れ晩進の励志《れいし》なり』――これは昔の道心家の苦しんだ仕方だけど、こういう先例があるから、いまのわれわれ後進の者も励まされるということ。『典座の職は之を尊崇《そんすう》すること、眼《がん》睛瞞《ぜいまん》ずべからず、頂𩕳《ちょうねい》最も高しとす』――典座のつとめをする人はこの潙山の業蹟をあがめて、しっかりと目を見開いて、この家風を仰いでつとめなければならない。『漸源《ぜんげん》は勝躅《しょうちょく》なり、古蹤《こしょう》須《すべか》らく慕ふべし』――漸源の話はすぐれた足跡だから慕うべきだ。『無著は霊蹤《れいしょう》なり、玄侶軽《げんりょかろ》んずること莫《なか》れ』――仏道修行者は無著のやり方を軽んじてはならない。

『中に就《つ》いて遠典座の心操、学せずんばあるべからず。千載の一遇なり』――とにかく法遠の話は大切だぞよと。千載の一遇とは千年に一度ぐらいしかない素晴らしいこと。前にもいったように、この法遠と法演（これはあとに出てくる）の二人は道元禅師が特に褒めている。『賢不肖《けんふしょう》共に及び難き者なり』――法遠の行動は本当に大人の精神だからね。『然《しか》れども典座若《も》し遠公《おんこう》の志気《しいき》を経《へ》ずんば、学道争《いかで》か仏祖の堂奥《どうおう》に逮得《たいとく》する者ならんや』――だから典座になった限りは法遠のような全体を活かす大人の精神を受け継がなければいけない。『上来の典座は皆是れ仏海《ぶっかい》の龍象《りゅうぞう》、祖域《そいき》の偉人なり。今是の如《かく》きの人を求むるに、世界に得べからず』――これはいない。

どうでもいいなかに狙《ねら》いがある——善会《ぜんね》典座の答え

有道の人典座に充《あ》てられし例。
夾山《かっさん》、潙山に在って典座に充てらる。潙山問ふ、今日《こんにち》堂中甚麼《なに》をか喫す。典座云く、両年同一春。山云く、如法《にょほう》に修事《しゅじ》せよ着《じゃく》。典座云く、龍、鳳巣《ほうそう》に宿《しゅく》す。

夾山善会《かっさんぜんね》が潙山霊祐《いさんれいゆう》のもとで典座をしていた。ところがある日、潙山和尚が『今日《こんにち》堂中甚麼《なに》をか喫す』——「僧堂の連中は皆んなどんなものを食べているのか」といった。そこで『典座云く、両年同一春』——夾山という人はもうこのとき充分に力をもった有道の人だった。この人の答えが「前の年の春も、今年の春も、春は春で同じだ」。『山云く、如法《にょほう》に修事《しゅじ》せよ着《じゃく》』——如法の「法」とは自然という意味でもあるし、仏法という意味でもある。だから自然法にしたがい、仏法にしたがうことだ。それに対して『典座云く、龍、鳳巣《ほうそう》に宿《しゅく》す』——龍が鳳《おおとり》の巣のなかに住んだら龍が龍でなくなる。これは非常に妙ないい廻しの問答だけど、大体、漢文は美的に表現するもんね。われわれ生きている限り種々なものを食べているけど、結局は栄養分が取れればいいんだ。そこで『両年同一春』、つまり差別のなかに平等がいわれているわけだ。それに対して『龍、鳳巣に宿す』――龍も鳳もバカデカイ奴だから龍が鳳凰《ほうおう》の巣に住んでもかまわない。だけど龍は龍で鳳凰は鳳凰だから、今度は平等のなかに差別がいわれる。例えば、坐禅人が典座をやっている。これは一体何か。『龍、鳳巣に宿す』だ。坐禅人が坐禅をするのではなくて飯炊きをするんだから、それじゃあ世間的な賄《まかな》いさんかというと、そうじゃない坐禅人だ。だから龍が龍でなくなる。結局はただ自己の生命を飯炊きするなかにやっている。

大体われわれの修行のネライは、差別と平等が本当にぬかりなく的中していることが大切なわけね。どっちへどう転んでもよいという一面と、また必ずこうなきゃならないという一面とがピシャッと一つになっていることが大切なんだ。これがどっちへどう転んでもいいんだという方にばかり片寄れば馬鹿になり、どうしてもこうならなければいけないという方へ片寄れば緊張しすぎて気がおかしくなる、ノイローゼになる。馬鹿と緊張しすぎ考えすぎのあいだが大切だものね。差別と平等とのあいだ、要するに実物を見ているということが大切。いま夾山が潙山にあって典座をやっている。この差別のなかに平等、平等のなかに差別、これがパッと的中して出てくる。これが有道の人の答えですね。

仕事全体に生命を吹きこむ——道楷《どうかい》典座の管理

大陽山《たいようざん》の道楷《どうかい》禅師、投子《とうす》に謁《えっ》して徹証《てっしょう》す。典座に充《あ》てられし時、投子問ふ、厨務勾当《ちゅうむこうとう》易《やす》からず。師云く、不敢《ふかん》。投子曰く、粥《しゅく》を煮《に》るや飯《はん》を蒸《む》すや。師云く、人工《にんく》は米を淘《え》り火に着く、行者《あんじゃ》は粥を煮、飯を蒸す。投子曰く、子《なんじ》は箇《こ》の作麼《なに》をか作《な》すや。師云く、和尚慈悲放閑《ほうかん》し去れと。投子深く之を然《しか》りとす。

『大陽山《たいようざん》の道楷《どうかい》禅師』とは、芙蓉道楷《ふようどうかい》のことで、大陽山にも住したからこう呼ぶ。『投子《とうす》に謁《えっ》して徹証《てっしょう》す』——これはもう徹証してから典座に充《あ》たっている。『典座に充てられし時、投子問ふ、厨務勾当易《ちゅうむこうとうやす》からず』——あるとき投子禅師が「典座の仕事はなかなか大変だな」といった。そしたらば『師云く、不敢《ふかん》』——「どういたしまして」と答えた。『投子曰く、粥《しゅく》を煮《に》るや飯を蒸《む》すや』——「お前は典座和尚なんだから、お粥を煮ているのか、それともご飯を炊いているのか」という。『師云く、人工《にんく》は米を淘《え》り火に着く、行者《あんじゃ》は粥を煮、飯を蒸す』——在家人のお手伝いさんは米を研《と》いで火をたく。行者とはここでは典座の下働きをつとめる菜頭《さいじゅう》とか椀頭《わんじゅう》とかいう人。これがご飯を炊いたり、お粥を煮たりしているといった。『投子曰く、子《なんじ》は箇《こ》の作麽《なに》をか作《な》すや』――「じゃあ一体、お前は何をしているんだ」。『師云く、和尚慈悲放閑《ほうかん》し去れと』――「どうぞお見逃しのほどを」と簡単に受けて流した。『投子深く之を然《しか》りとす』――芙蓉道楷の仕事の仕方が、いかにも典座らしくつとめているということを投子が見抜いた。

大体、中国の叢林は大きくて、何百人何千人の雲水がいる。それなのに何から何まで典座和尚が一人でやっていたんでは、できるはずがない。だから人工という手伝いの人も使い、下働きの行者もいるわけだ。典座は六知事の一人だから、いってみれば上役だ。だからそういう人が飯を炊いたり、米を研いだりしていたのでは困る。たくさんの人を使わなければいけないいんだから、いろんな人たちがそれぞれの技術でたくさんな仕事をやっている。そうしたなかで、そこにプラスアルファーという奴が大切なんだ。上に立つ人は何かふんわりとしたプラスアルファーがなければならない。いまの時代はあらゆる方面の技術が進んでいて、技術だったら何もかも昔より進んでいる。ところがそれを動かす人にプラスアルファーがない時代だ。いま仏道として大切なのは技術じゃない。技術の上のプラスアルファーの話だ。いや、これが一番大切だ。

やっぱり上に立つ管理職の人は、ふんわりと全体を働かすという叡智がなければならない。

「オレはこうした方がいいと思うんだけど、あいつがガミガミいうもんだから、まあやめておこうか」という。それでは全体が死んでしまう。それではそのプラスアルファーというのは何か。これは口では表現できない。

そこで『和尚慈悲放閑《ほうかん》し去れ』――「どうかお見逃し下さい」とあっさりと受けて流す。これがプラスアルファーだ。

例えば、一つの病院でも内科のことは内科の医者にまかせ、外科のことは外科の医者にまかせ、というふうにして院長はその上にいて全体の生命として患者さんたちをどうしたらよいのかという努力をする。これが病院という一つの機能の理想的なあり方だけど、事実はそうではない。内科は内科だけで技術を考え、外科は外科だけで技術を考えていてちっとも全体の生命としてどうかということを考えないでいる。だから全体としては副作用が出たりしている。院長は何をしているかといえば、これまた経営、金儲けという部分的仕事のことばかりを考えている。つまり全体を活かすという力はどこにもない。

上に立つ人は、働く人にいきいきとした仕事をする意欲を起こさせるような包容力をもつと同時に、仕事全体に生命を吹きこむことが大切だ。いまの時代では管理職といえば、仕事の能率を上げさせたり、経営や金儲けぐらいのことを考えているようだけれど、仏法としてはそうでない。すべての人、すべての仕事をいきいきさせる――それがネライでなければならない。いまの時代、技術ばかりは進んでいるけど、こういう本当の生命に関する面はほとんど考えられていないのではないか。ここでいいたいのはそれだ。知事清規というのは何んといっても、われわれの実際生活に当たって坐禅というものが生きて働く、「生命の働き」の話が書いてあるんだから、ここを見逃してはならない。われわれの修行も結局ここをネラッてやらなければならない。

明らかな祖師の真実がある　——典座の家風

投子《とうす》、大陽《たいよう》は祖門《そもん》の英傑《えいけつ》なり。典座を大陽に授け、典座を投子に勤む、祖席の勝躅《しょうちょく》なり。然《しか》れば則ち典座の職は、庸者《ようしゃ》の充《あ》てられざるなり。充てらるる者は乃《すなわ》ち龍象なり。今大陽を以て今古《こんこ》の作家《さっけ》に比せんとするに、斉肩少《せいけんすくな》きのみ。斯《これ》に因《よ》りて知音稍稀《ちいんやや まれ》に、知己倫《ちきりん》を絶す。然れども仏祖の骨髄を稟《うけ》んと欲せば、応《まさ》に大陽の身心を学すべし。夾山《かっさん》は華亭《かてい》の一子なり、華亭は薬山《やくさん》の子なり。系譜貴《とうと》し。華亭に見《まみ》えて後、更に大潙に参じて典座に充てらる。大潙は百丈の子なり、百丈と同時に潙山に住す。道眼《どうげん》の正明《しょうみょう》なり。道の通《つう》塞《そく》、法の故実、是に於て淵《えん》たり、是に於て海《かい》たる者か。然れば則ち典座の家風は、累葉《るいよう》の見聞《けんもん》なり。倶《とも》に是れ明明《めいめい》たる祖師意なり。所以《ゆえ》に智人は之を尊重し、愚者は之を軽忽《きょうこつ》にす。

註　作家——その道に老練なる作者の意。正師家《しょうしけ》。　累葉の見聞——累葉は累世で代々の意。累葉の見聞は、後世の者が学ぶべきこと。　明々たる祖師意——一切万象の世界がそのまま絶対の顕現であるとの意。

このところは『有道の人典座に充《あ》てられし例』の段をむすぶ道元禅師の言葉。『投子《とうす》、大陽《たい》《よう》は祖門《そもん》の英傑《えいけつ》なり』——投子義青《とうすぎせい》と大陽道楷《たいようどうかい》のこと。『典座を大陽に授け、典座を投子に勤む』——投子は大陽に典座の職を授けたのだし、大陽は投子のところで典座を勤めた。『然れば則ち典座の職は、庸者《ようしゃ》の充てられざるなり』——凡庸な奴は典座和尚にはとてもなれない。典座に充てられた者は龍象なんだ。『今大陽を以て今古《こんこ》の作家《さっけ》に比せんとするに、斉肩《せいけん》少《すく》なきのみ』——「和尚慈悲放閑し去れ」という言葉がいえるのは、肩を等しくできる者が稀だという。『斯《これ》に因《よ》りて知音稍稀《ちいんややまれ》に、知己倫《ちきりん》を絶す』——知音とか知己というのは自分のことをよく知っている人。そういう人は少ない。『然れども仏祖の骨髄を稟《うけ》んと欲せば、応《まさ》に大陽の身心を学すべし』——この大陽山道楷禅師の高行をよく学ばなければならないと。

『夾山《かっさん》は華亭《かてい》の一子なり』——華亭とは前に出てきた船子徳誠《せんすとくじょう》のこと。この船子徳誠の頃（唐武帝会昌五年—八四五）、法難（会昌《かいしょう》の破仏《はぶつ》）があった。中国の歴代の天子のなかで時々道教なんかを崇拝する天子が現われると仏教を弾圧したわけです。そして坊主を還俗《げんぞく》させたり、寺を焼き払うということをした。そういうときには逃れなければならないので徳誠和尚は華亭江というところで舟渡しをしていた。華亭とか船子とかいうのはそこからきているわけだ。

徳誠が本当の名前（諱《いみな》）ですね。この人が兄弟子《あにでし》の雲巌《うんがん》や道吾に「あんたたちは優れた人だから大いに隆々とやってくれ、オレは舟渡しをやっているけど、オレの法嗣《あとつぎ》になるのにふさわしい人がいたらオレの方へよこしてくれ」といって舟渡しをしていたわけだ。ところがその頃、夾山は政府の厳しい制約のなかでも有能な仏教者として正式なお寺の住職として活躍していた。あるとき、夾山が大衆と問答をしているところへ道吾がやって来て、「あんたの仏教は正師《しょうし》についていないから力がない」といって笑ったので、夾山は発心し直して、徳誠のところへ行って、徳誠から法を嗣《つ》いだのだという。

『華亭は薬山《やくさん》の子なり。系譜貴《とうと》し』――華亭船子徳誠は薬山惟儼《いげん》の法嗣《はっす》だから系譜は正しい。その夾山は『華亭に見《まみ》えて後、更に大潙に参じて典座に充てらる』――要するに夾山という人は、船子徳誠に法を嗣いでから、また潙山のところへ行って典座になったわけなんだ。

『大潙は百丈の子なり、百丈と同時に潙山に住す。道眼《どうげん》の正明《しょうみょう》なり。道の通塞《つうそく》、法の故実、是に於て淵《えん》たり、是に於て海《かい》たる者か』――淵は深い。海は広いということ。『然れば則ち典座の家風は、累葉《るいよう》の見聞《けんもん》なり。倶《とも》に是れ明明《めいめい》たる祖師意なり。所以《ゆえ》に智人は之を尊重し、愚者は之を軽忽《きょうこつ》にす』――だから典座の役割はちょっと考えると世間の料理人のようだけど、これは禅門では大役、重要な人なんだ。典座が本気になってつとめられないような人、例えばちょっと独参して公案だけ通ればよいというような及び腰の修行では、どうせ本当の仏道修行をしたことにはなりやしない。やっぱり叢林に入って、頭を剃って、自分の配役を本気になってやり抜くことが大切なんだ。

人に騙《だま》されない力で田を拓《ひら》く——有道《ゆうどう》の直歳《しっすい》保福本権《ほふくほんごん》

有道《ゆうどう》の人直歳《しっすい》に充てられし例。

漳州《しょうしゅう》の保福本権《ほふくほんごん》禅師は、乃《すなわ》ち晦堂《かいどう》の法嗣《はっす》なり、曽《かつ》て晦堂の拳《けん》を挙《こ》する処に於て根源に徹証《てっしょう》す。機弁捷出《きべんしょうしゅつ》なり。山谷《さんこく》の黄太史《こうたいし》初め所入《しょにゅう》有り。晦堂に問ふ、此の中誰人《たれびと》か与《とも》に語るべき。晦堂云く、漳州の権師《ごんし》、方《まさ》に役を督《とく》して田を開く。山谷、晦堂と同じく彼《かしこ》に往いて致問《ちもん》して云く、直歳還《しっすいかえ》って露柱《ろちゅう》の児《こ》を生むを知るや。師云く、是れ男か是れ女か。山谷擬議《さんこくぎぎ》す。師之を揮《はら》はんとす。堂謂《い》って曰く、無礼なることを得ざれ。師曰く、這《こ》の木頭打たずんば更に何《いず》れの時をか得んと。山谷大笑す。

院門の知事頭首《ちょうしゅ》は、清廉《せいれん》を以て先と為すべからず、必ず有道を撰んで以て職に充てんのみ。

註　露柱——壁に埋め込んだ柱ではなく、本堂の丸柱や台所の大黒柱のように全部露出した柱。

『漳州《しょうしゅう》の保福本権《ほふくほんごん》禅師』――この人は慈明楚円―黄龍慧南《おうりょうえなん》―晦堂祖心《かいどうそしん》―保福本権という系譜の人ですね。『曽《かつ》て晦堂の拳《けん》を挙《こ》する処に於て根源に徹証《てっしょう》す』――これは晦堂がいつも、握り拳《こぶし》を突き出して「喚《よ》んで拳頭《けんとう》と作《な》すときんば触《ふ》る。喚んで拳頭と作さざるときんば背《そむ》く。汝、喚んで甚麼《なに》とか作さん」という話があるので、ここからきている。「背触《はいそく》ともに非なり」という宝鏡三昧《ほうきょうざんまい》の言葉があるけど、実物そのものは拳《こぶし》といったらいいすぎなんだ。拳じゃないといえば足りないいんだ。つまり生命の地盤からは何んともいえないんだ。

　こないだ五十歳ぐらいの女の人がやって来て、悩みがあるという。「何か」って訊いてみたら、この人は十代の頃から絵が好きでうまかったそうだ。それで二十歳のとき志を立てて絵でもって身を立てようと思った。それで東京へ出て勉強しながら絵を描《か》いて展覧会なんかへ出すと、いつでも入選したり賞をもらったりして絵も売れたそうだ。ところがこれからという段になって終戦になって、家の財産も農地解放で取られ、絵なんか描いていられなくなったんで親のところへ帰った。そして結婚もしないでずっと親の手許にいたんだけど、四十代になってからやっぱり絵で身を立てたいと、もう一度志を立て直した。それで東京へ出てアルバイトしながら絵を描いたそうだけど、今度はちっとも展覧会へも通らないし絵も売れないし、という。それでその人は「私は戦争のおかげで財産がなくなって、そのため私の才能は伸せなかったんです。私みたいに不幸な人間はありません」って泣いている。

私はこの人に同情はするけれど、大体、財産がなくなったから才能が伸せなかったなんていうのは、とんでもない思い違いだ。人間は誰でも実物を生きなければいけない。昔のことはともかくとして、いまこの人にとって財産がないということが実物なんだ。いや、本当は人間誰でも裸で生まれてきて裸で死んでゆくんだ。裸こそが本当の実物だ。だからこの人に限らず誰でも、財産なんてないのが当たり前なんだ。それなのに、当然の権利で財産があるんだという幻影に引きずり廻されて「私は財産がなくて不幸だ」と思っているんだったら、こりゃあ大間違いだ。また二十の頃、絵がよく売れて若き女流画家現わるといってもてはやされたという、これがまた幻影だもん。何も昔を引き合いに出して嘆かなくたっていいんだ。それで私は「大体、絵は貴女が自分の好きで描いているんだから、それを描くだけでもういいんだ。それなのに自分の絵が売れないからって、何も泣き顔することはないんだ」そういってやった。またこの人はいま絵のアルバイトをやっているんだそうだけど、アルバイトをやるんなら適当な仕事をして能率を上げたらいい。それなのに「私はアルバイトでも真面目な仕事をするからいつまでも収入が少ない」という。

それも馬鹿なことだ。われわれの托鉢だって能率を考えてやっているんだ。それを「これも修行なんだからまこと、まごころを尽くして」なんていって警察の前だとか銀行の前だとか空家の前で、まことまごころを尽くしたって駄目なんだ。くれないところは抜くというんじゃないけれど、くれそうもないところは適当に切り上げるような融通性が必要だ。

「喚《よ》んで拳頭《けんとう》と作《な》すときんば触《ふ》る。喚んで拳頭と作さざるときんば背《そむ》く」――いま家が破産した。それを破産したといえばもう触れる、色がつくんだ。「触れる」とは実物に対して「いらないぶり」をしている。もともと値段のつかない実物としてあるのに、破産という際立ったふりをしている。もはや透明な実物ではなくなっている。破産したから才能が伸せなかったといったらそれはもう触れすぎている。それでは破産しなかったといったら、これは背く。つまり実物に背いていることだ。事実破産したのなら、それを経験として立ち上がらなければいけない。皆んな幻影に引きずり廻され、実物を見失っている、それが問題だ。

いま『晦堂の拳を挙する処に於て根源に徹証す』というのは実物に目を見開くことだ。『機弁《きべん》捷出《しょうしゅつ》なり』――手八丁、口八丁、それでいてしかも敏捷だったという。『山谷《さんこく》の黄太史《こうたいし》初め所入《しょにゅう》有り』――これは黄庭堅《こうていけん》という人。書の大家でないかと思う。黄庭堅が仕官したので太史という。つまりお役人だ。この居士という奴、これが問題だ。殊にお役人なんかだと中途半端なところでお師家《しけ》さんが通すので「オレはばかりながら悟ったぞよ」といって髭でも生やして威張っている。これもそういう手合いだ。『晦堂に問ふ、此の中誰人《たれびと》か与《とも》に語るべき』――「あなたの門下のなかにちっとは話のできる奴がいますかね」という。『晦堂云く、漳州《しょうしゅう》の権師《ごんし》、方《まさ》に役を督《とく》して田を開く』――保福本権が人を使い寺の田を開墾している。「あれはしっかりしている」。それで「是非逢いたい」ということになった。

『山谷、晦堂と同じく彼《かしこ》に往いて致問《ちもん》して云く、直歳還《しっすいかえ》って露柱《ろちゅう》の児《こ》を生むを知るや』――直歳とは六知事の一人、普請する役。ちょっとばかり自分も分かったもんだから「試《ため》してやろう」というわけだ。露柱が児を生むという話があるけど「それが分かるか」といったわけだね。なあに露柱に限らない、何んでもかんでも他人じゃないんだ。自己とぶっ続きの生命なんだ。例えばいま、この魔法瓶がある。これは他人じゃないんだ。自己とぶっ続いている、だから魔法瓶がお茶碗を生んだといっても不思議ではない。すべて同時に存在する限りはお互いに助け合って生きてんだからね。俺だけの俺というものはない、魔法瓶だけの魔法瓶もない。お茶碗や俺に対してある。いやぶっ続きなんだ。私を呼吸させている力が同じくあなたを呼吸させているんだし、小鳥を啼かせている力が、また魔法瓶を在らしめているんだし、お茶碗も在らしめているんだ。趙州《じょうしゅう》はこれを「庭前《ていぜん》の柏樹子《はくじゅし》」といった。庭先の柏《かしわ》の樹が向こう側の境だと思うのが間違っている。これは要するに俺と庭前の柏樹子とぶっ続きで生きている生命をいっているわけだ。生命である限り柏樹子が子どもを生むのも当たり前だし、露柱が子どもを生むのも当たり前だ。

『師云く、是れ男か是れ女か』――本権和尚が「そいつは男か女か」と訊きかえしたね。そしたら『山谷擬議《さんこくぎぎ》す』――これに「果然露柱傾く《かぜんろちゅう》」という註（古田梵仙増註本）が出ていて面白いけど、要するにチョビ髭を生やして威張っている居士なんていうのはこの程度だ。

児を生む以上、男もあるだろうし女もあるだろうし。「男か女か」とやられて今度は常識の方が働いて「はてな？」と思うものね。そこで『師之《これ》を揮《はら》はんとす。堂謂《い》って曰く、無礼なることを得ざれ』――私だったら「うんとぶん殴ってやれ」というんだけど、晦堂はお役人のご機嫌取りをしている。だから「失礼なことをしちゃいけないぞ」と。当時の中国のお寺は政府からお金をもらっているんだから「へたをすると寺の経済に響くかも知れない」というのならば、これも常識の考え方だ。『師曰く、這《こ》の木頭打たずんば更に何《いず》れの時をか得ん』――そういってとうとう好便《こうびん》を外したね。『山谷大笑す』――この笑いには響きがない。負け犬がしっぽを垂れてキャンキャンキャンと逃げて行ったという話だ。

少なくともここで山谷は、ちょっとばかり悟ったからといって『此の中誰人《たれびと》か与《とも》に語るべき』とか『直歳還って露柱の児を生むを知るや』ともち出すけど、これは大我慢というもんだ。――禅がともするとこういう有閑階級的人士の文学的もてあそびになりやすいけど、これは本当に遺憾《いかん》だ。本当の禅は少しぐらいの公案が通ったぐらいですむことはないんだ。宗教としての坐禅はそんな一機一境の問題ではない。一生の生きる態度、生活態度として、どこまでも色褪《いろあ》せしない、いやかえっていよいよ光り出すものでなければならない。その点、この保福本権のような、こうした働きのできる人が黙々として田を拓いているところこそ刮目《かつもく》して見るべきだ。知事清規全体のいいたいところはそこなんだ。

『院門の知事頭首《ちょうしゅ》は、清廉《せいれん》を以て先と為すべからず、必ず有道《ゆうどう》を撰んで以て職に充てんのみ』――知事は大番頭、頭首は小番頭、それがただ清廉というだけじゃ駄目なんだ。必ず道力のある人でなければいけないという。これはいま普通に考えられている道元禅師に対する感じからすればちょっと思いがけないでしょう。道元禅師といえば清廉潔白、厳格一点ばりの人と思われがちだけど、いまこの永平清規をよみ、知事清規をよむと、清廉潔白だけでなく本当の働きがある人が大切だという。沢木老師は「人に騙《だま》されるな」といわれた。たいがいの人は「人を騙すな」というけど沢木老師のは「人に騙されるようなおめでたい顔をしていちゃいけない」という教えだ。これが大乗仏教ですね。

私は宗教でもって金儲けをしようと思ったことはないけど、私は折り紙をやっている。これも好きでもってやっているんで、金儲けのために折ったものは一つもない。だけどこれをアルバイトとして宗教に捧げようというときは損をしてよいわけはない。少しでも儲けなければならない。これは娑婆の話なんだ。芸術に生きる人はどこまでも芸術に生きなければならない。だから「売れないから、何んとか売れるような作品をつくろう」とすれば、これはもういいもの欲しい作品になってしまう。それじゃあいけない。作品に向かうときはどこまでも芸術として追求する。しかしながら、これを売る段になったら、売る気になって売るという心掛けがなくてはならないんだ。そういう融通性があればこそ生命だ。

六根の門を開かせる活作略《かっさりゃく》——従諗火頭《じゅうしんかじゅう》の問いかけ

諸の小頭首《しょうちょうしゅ》有道の例。
趙州《じょうしゅう》、南泉《なんせん》に在って火頭《かじゅう》と作《な》る。一日門を閉却《へいきゃく》し、屋《おく》に煙を焼き満てて叫んで云く、火を救《はら》え火を救《はら》え。大衆倶《だいしゅとも》に到る。趙州云く、道《い》ひ得《え》ば即ち門を開かん。衆皆無対《むたい》。南泉鏁子《さす》を将《も》って窓間より過《す》ごして師に与ふ。師便《すなわ》ち門を開く。

趙州《じょうしゅう》和尚が南泉《なんせん》のところで火頭《かじゅう》になって火燃しをやっていた。『一日門を閉却《へいきゃく》し、屋《おく》に煙を焼き満てて叫んで云く、火を救《はら》え火を救《はら》え』——煙がぼんぼん燃え上がって「火事だ！火事だ！」といって大騒ぎするから『大衆倶《だいしゅとも》に到る』——皆んな跳んできた。『趙州云く、道《い》ひ得《え》ば即ち門を開かん。衆皆無対《むたい》』——ところが皆んな何んともいえない。そこへ『南泉鏁子《さす》を将《も》って窓間より過《す》ごして師に与ふ』——南泉がやって来て、窓から鍵（鏁子）を放り込んだ。そしたら『師便《すなわ》ち門を開く』——門を開いたという話。

沢木老師は「昔の古則公案は寸劇だ」といったけど確かにそういうところがある。大体、中国人というのは、文学的、芸術的な国民だから、古則公案もそういう国民性からきていると思う。そいつをいまどき真面目になってそのままマネする奴がいるとしたら困る。しかしこれを寸劇として見ていれば面白い。これが本当の火事であったのなら妙な話だけど、しかしまあ、こう考えてみたらいいと思う。

『一日門を閉却し』——門といえば仏教ではいわゆる六根《ろっこん》（眼耳鼻舌身意）。この六根の門を閉じて煩悩の火を内向させている。そうみると話が面白くなってくる。実際としてはそういう人がいるんだからね。ちょっと気にくわないことがあるとプーッとふくれて黙ってしまう。それなら悟っているのかと思うとそうじゃない。自分のなかへ内向して燃えている。そういう人が多いけど、これが問題だ。そして『火を救え火を救え』といっている。

この場合どうしたらよいかといえば、やはり鍵を放り込んでやるよりしょうがない。われわれの場合、こうしたことに直面したときに、門を開いてやるだけの力量があるかどうか。その働きをすることが大切だと思う。その働きがいわゆる活作略《かっさりゃく》というんだ。ただ形だけマネして棒でぶん殴ったり、「喝ーッ」とやったりするだけが活作略だと思ったら大間違い。そうではなく、いま出逢っている人に鍵を放り込んでやるという働きこそが、本当の活作略というものです。

階級なしにつとめる深さ——洞山《とうざん》と義存《ぎそん》飯頭《はんじゅう》

雪峰《せっぽう》、洞山《とうざん》の会下《えか》に在って飯頭《はんじゅう》と作《な》る。米を淘《え》る次《つい》で洞山問ふ、沙《しゃ》を淘《え》り去って米か、米を淘り去って沙か。雪峰云く、沙米《しゃべい》一時に去る。洞山云く、大衆箇《こ》の什麼《なに》をか喫《きっ》せん。雪峰遂に盆を将《も》って覆却《ふっきゃく》す。洞山云く、子《なんじ》が因縁に拠《よ》らば合《まさ》に徳山《とくさん》に在るべし。

これは典座教訓にも出てくる話です。雪峰義存《せっぽうぎそん》が曹洞宗の元祖洞山良价《とうざんりょうかい》禅師のところで飯頭《はんじゅう》をやっていた。昔の中国の米は処理が悪かったらしくて、米と砂とがずいぶん混じっていたらしい。だから典座はまず米と砂とをより分けなければならなかった。雪峰がより分けているところへ洞山がやって来て『沙《しゃ》を淘《え》り去って米か、米を淘り去って沙か』と……。これも米と砂とはいっても煩悩と悟りという振り当てで、煩悩を淘り去って悟りなのか、悟りを淘り去って煩悩なのか、ということですね。そうすると、これはいま直ぐわれわれの問題なんだ。箕《み》に入れてパッパッとやったら煩悩だけが吹き飛んで悟りだけになる、というんだったら簡単だけど、実際はそうではない。われわれはいつでも煩悩と悟りとチャンポンのところで生きているんだからね。

『雪峰云く、沙米一時に去る』――煩悩と悟りとを一時に淘り分ける。この答えは悪くない。要するに悟りと迷いというのはもう分別以後の話だ。本当に大切なのは分別以前、悟りと迷いとを分別する前のことなんだからね。「迷いを捨てたら悟りだけ残る」と考えたら、それはもう分別の話だ。ところが本当の悟りというのは、分別すること自体がもう迷いなんだから、分別以前だ。仏教の話は決して転凡入聖《てんぼんにっしょう》、転迷開悟とかいうものではない。迷悟超越、超凡越聖《ちょうぼんおっしょう》、迷いも悟りも乗り超えなければいけない。それで『沙米一時に去る』これが大切だ。ところが洞山はそれだけではすまさない。『洞山云く、大衆箇《こ》の什麼《なに》をか喫せん』――沙米一時に去るんだったら、大衆は一体、何を食うのか、と訊き返さなければならない。早い話が迷悟を分別しているのが衆生というものなんだ。迷悟以前というのはいいんだけど、それでは迷悟を分別している衆生の気持ちが分からない。だからそこを訊き返したわけだ。『雪峰遂に盆を将《も》って覆却《ふっきゃく》す』――雪峰が盆のなかに入れてあった米をパーッとひっくり返してしまった。これはちょっと荒っぽすぎる。それじゃあ何も食うものがなくなっちゃうものね。『洞山云く、子《なんじ》が因縁に拠《よ》らば合《まさ》に徳山《とくさん》に在るべし』――「お前のそういう気性や個性は徳《とく》山宣鑑《さんせんかん》の方がいいだろう」といって徳山の方へやった。

洞山大師は曹洞宗の元祖で、この人は非常に行持綿密なんだ。醜きを忘れて降《くだ》っていって親切を尽くすといった人だ。それに対して徳山という人は棒使いの名人。「臨済の喝《かつ》、徳山の棒」というけど、何んとかいうとすぐ棒でぶん殴る気魄のある和尚だ。だから雪峰は徳山の方に向いているといった。この話に対して面山《めんざん》和尚（江戸時代における日本曹洞宗の宗学者）は「青原下《せいげんか》無階級の法は格外《かくげ》に高きものよ」と「聞解《もんげ》」に註をくわえているけれど、この青原下というのは曹洞系。南嶽下《なんがくか》は臨済系の方で、何んといっても臨済の方は階級がついているもんね。「これだけの悟りを開いた」というからね。それに対して洞門下は無階級。これは頼りないようだけど、奥行きが深い。だからこれは「格外に高きものよ」と面山さんがいっている。沢木老師は「無所得の禅は話が幽邃《ゆうすい》だから子どもには分からない」といった。階級を一つずつ昇っていくのははりあいもよし、話が分かりやすいけど、階級なしにただ行持綿密、典座は典座の仕事を一所懸命にぶち込んでやる。「祇《た》だ這《こ》れ箇《こ》れ」「只管《しかん》」ということのできる人は、これは幽邃だ。しかしいまの宗門のように、ただ幽邃だというだけで実際に行じないのではこれはなおつまらない。また雪峰は徳山の方へ行ったんだけど、この雪峰の門下に雲門文偃《うんもんぶんえん》、玄沙《げんしゃ》の師備《しび》だとか、法眼文益《ほうげんもんえき》のような人が出てくるんだから、決してそうざっといえるものでないことはもちろんだ。

※臨済宗は南嶽下であるが、徳山宣鑑《とくさんせんかん》は青原下であり、雲門文偃が雲門宗の祖となり法眼文益が法眼宗の祖となった。

もったいない、しかし天地一杯——潙山《いさん》と慶諸米頭《けいしょべいじゅう》

石霜山慶諸禅師《せきそうざんけいしょ》、潙山《いさん》の法会《ほうえ》に抵《いた》って米頭《べいじゅう》となる。一日師、米寮内に在って米を篩《ふる》ふ。潙山云く、施主物《せしゅもつ》を抛撒《ほうさん》すること莫《なか》れ。霜云く、抛撒せず。潙山、地上に於て一粒《いちりゅう》を拾得して云く、汝抛撒せずと道《い》ふ、這箇《しゃこ》は是れ什麼《なん》の処よりか得来《えきた》る。師無対。潙山又云く、這《こ》の一粒子を欺《あざむ》くこと莫れ、百千粒は這の一粒より生ず。師曰く、百千粒は這の一粒より生ず、未審《いぶか》し、這の一粒は什麼の処よりか生ず。潙山呵呵大笑して方丈に帰る。晩後上堂して曰く、大衆、米裏に虫有り。

潙山霊祐禅師といえば先に百丈懐海禅師のもとで典座をしており、このとき百丈に「炉中を撥《あば》いて火があるか」と訊かれ「ありません」と答えたら、百丈が自ら立ってきて灰のなかを撥いて米粒みたいな小っちゃな火を掘り出し、潙山に突きつけたという話があった。それで、「よしオレも一つやってやろう」というわけでもあるまいが、潙山の主となってから、あるとき庫司《くす》の方へ点検に出ていった。このとき慶諸が米頭で米倉で米を篩《ふる》っていた。そこ

へ潙山が『施主物《せしゅもつ》を抛撒《ほうさん》すること莫《なか》れ』――といったので『霜云く、抛撒せず』――「いや、ちっともこぼしてはおりませんよ」と答えた。『潙山、地上に於て一粒《いちりゅう》を拾得して云く、汝抛撒せずと道《い》ふ、這箇《しゃこ》は是れ什麼《なん》の処よりか得来《えきた》る』――潙山がその辺を一所懸命探して一粒を拾い、これを突きつけて「これは何だ」というわけですね。『師無対《むたい》』――これは黙っているよりしょうがない。ところがこれでやめとけばよかったのに、潙山は調子にのって『這《こ》の一粒子を欺《あざむ》くこと莫れ、百千粒は這の一粒より生ず』とやった。『師曰く、百千粒は這の一粒より生ず、未審《いぶか》し、這の一粒は什麼の処よりか生ず』――「たくさんのお米はこの一粒から成り立っているのは分かりますが、それじゃあ、この一粒はどこから来たのですか」ということですね。そこで『潙山呵呵大笑して方丈に帰る。晩後上堂して曰く、大衆、米裏《べいり》に虫有り』――これは面白い話だ。

確かに米一粒でも無駄にしてはいけない。一本の薪《たきぎ》、一杓《いっしゃく》の水でも大切にする。これはもったいないということだけど、しかしそれだけならばただ倹約の話でしかない。いま仏法の話としてこのもったいないと、本当はどうでもいいということとの両面を同時に見ていなければならない。その辺の古い世代と若い世代との対立も、よくこんなところから出てくるんじゃないか。古い世代が「もったいない、もったいない」といって、ものの大切さを若い世代に教えようとする。しかしそれが、ものの大切さばかりいっていて、若い世代の心を無視し、若い世代の心をもったいながらないとしたら、もう話が見当違いになっている。本当は「どうでもいいんだ」という心を根本的にもっていながら、しかし若い人たちに、ものの大切さ、もったいなさを教えてゆかなくてはならない。ただ倹約の精神でさえあればいいのではない。ただの倹約を押しつけるなら、若い世代は反発し、対立し、世代の断絶だけで終わってしまうだろう。いま『一粒子を欺《あざむ》くこと莫れ』という。まったく、「この一粒はどこから得たか」と考えてみると、これは無所従来亦無所去《むしょじゅうらいやくむしょこ》だし、不去不来《ふこふらい》だ。不生不滅《ふしょうふめつ》、不垢不浄《ふくふじょう》、不増不滅だものね。いま例えば菜っ葉を洗っている。たとえ一本でも捨ててはもったいない。しかしながらこれを捨てたといって、どこへ捨てられるのか。実はその捨て場所がない。宇宙からこぼれ出ることはない。そのまま捨てるか、腹のなかを通して捨てるか、それぐらいの差でしかない。だからどうでもいいんだ。そういう面がなければならない。われわれ人間はどうあってもいい、しかしながら、そのどうあってもいい、野垂《のた》れ死にしてもいいなかに自分の気まぐれをしないで、世の中の人のためにもなって生きる、それをネラウ。これが証上の修で、仏法とはこの両面をいうわけだ。いま潙山の場合、「もったいないことをするな」という一面をいった。それに対して石霜は「どうでもいい」という一面をつけくわえた。だから潙山と石霜が手をつないで初めて仏法になる。それで『米裏に虫有り』といって石霜を褒めた。これは本当に米のなかの虫だ。うっかりしていられないからね。

悟りの跡形も忘れる ――志閑園頭《しかんえんじゅう》の半杓

灌渓志閑《かんけいしかん》禅師、臨済に得処の後、臨済を離れて遊方《ゆほう》せし時、末山了然尼《まっさんりょうねんに》の処に到って先づ云く、若《も》し相当《あいあた》らば即ち住せん。然《しか》らずんば則ち禅床《ぜんしょう》を推倒《すいとう》せん。乃《すなわ》ち堂内に入る。師侍者《じしゃ》をして問はしむ。上座遊山《ゆさん》し来《きた》るや、仏法の為に来るや。閑云く、仏法の為に来る。山乃《すなわ》ち陞座《しんぞ》す。閑上参《じょうさん》す。山問ふ、今日《こんにち》什麼《なん》の処をか離る。閑云く、近《ちかご》ろ路口《ろこう》を離る。山云く、何ぞ蓋却了来《がいきゃくりょうらい》せざる。閑無対《むたい》。初めて礼拝して問ふ、如何にあらんか是れ末山。山云く、不露頂《ふろちょう》。閑云く、如何にあらんか是れ末山の主。山云く、男女《なんにょ》の相に非ず。閑乃ち喝して云く、何ぞ変じ去らざる。山云く、是れ神《じん》にあらず是れ鬼《き》にあらず、箇《こ》の什麼《なに》にか変ぜん。閑是《ここ》に於《おい》て礼拝し、伏膺《ふくよう》して園頭《えんじゅう》と作《な》ること三載《さんざい》。閑、住院の後に衆に示すに云く、我臨済爺爺《やや》の処に在りて半杓《はんしゃく》を得、末山孃孃《じょうじょう》の処に半杓を得、共に一杓と成《な》して喫《きっ》し了《おわ》り、直《じき》に如今《にょこん》に至って飽䬲䬲《ほうこうこう》たりと。

これは灌渓志閑《かんけいしかん》禅師が臨済禅師のところで悟りを開いてから後の話ですね。『臨済を離れて遊方《ゆほう》せし時、末山了然尼《まっさんりょうねんに》の処に到って』――末山の了然尼という偉い尼さんがいた。そこへ行って『先づ云く、若《も》し相当《あいあた》らば即ち住せん。然《しか》らずんば則ち禅床《ぜんしょう》を推倒《すいとう》せん』――ちっとはましならいてやる。そうでなかったら禅床を推倒せん――ちょっと悟ったといってこれだから困る。『乃《すなわ》ち堂内に入る。師侍者《じしゃ》をして問はしむ』――末山のところへ行ってそんなことをいうもんだから、取次の人がそれを末山に告げると、末山も『遊山《ゆさん》し来《きた》るや、仏法の為に来るや』――と侍者に訊かせた。

『閑云く、仏法の為に来る』――仏法という荷物をしょってきているんで重すぎる。『山乃《すなわ》ち陞座《しんぞ》す。閑上参《じょうさん》す』――ここで初めて出逢う。『山問ふ、今日什麼《こんにちなん》の処をか離る』――どこから来たかという意味。これは場所を訊いているんではなくて、本来の面目を訊いている。『閑云く、近《ちかご》ろ路口《ろこう》を離る』「入口から入ってきた」という。そしたら『山云く、何ぞ蓋《がい》却了来《きゃくりょうらい》せざる。閑無対《むたい》』――入口から入ってきたのはいいけれど「なぜその戸を閉めてこなかったのか」というわけですね。

要するに入った跡が残っていちゃ駄目なんだ。「オレは仏法のために来たぞ」「オレ悟っているぞ」というところを見せるけど、これを消さなければならない。「無所従来亦無所去故《むしょじゅうらいやくむしょこ》名如来」（金剛経威儀寂静分第二十九）というけど、これが大切ですね。悟りを振り回しているのでは、蓋がしていない。入ってきた跡が残っている。「没蹤跡《もっしょうせき》でなければ駄目だ」と末山がいったので『閑無対』――尼風情《あまふぜい》と傲慢にかまえていた灌渓志閑も答えるところがない。そこで『初めて礼拝して問ふ、如何にあらんか是れ末山』――末山の本来の面目を訊いた。『山云く、不露頂《ふろちょう》』――「頂きが見えないぞ」と答えた。「私は修行をしています」「悟りを開いています」というのでは頂きが見えている。末山という尼さんには、灌渓志閑が臨済のところで開いた悟りを振り回しているのがよく見えているわけだ。だから「悟りの跡形が見えない修行が大切だ」と答えた。

大体、凡夫が感心することは、やっぱり凡夫のことだからね。「あの人は偉い。カネ持っているから。肩書があるから」。これが凡夫の話だ。ところが仏法の話では「あの人はカネを持っていない。肩書はない。そうすると偉いんだな」。こんな論理は凡夫仲間にはない。そうした末山の言葉に対して、『閑云く、如何にあらんか是れ末山の主』――「凡眼《ぼんげん》で見えない頂きというのは一体どんなものか」と訊き返した。『山云く、男女《なんにょ》の相に非ず』。末山は一応女だ。ところが女かと思うとそうではない。男と女と分かれたら分別以後の話だ。いま生命の真実はすべて分別以前なのであって、男だ女だということはない。そう末山が答えた。そこで『閑乃ち喝して云く、何ぞ変じ去らざる』――「男女の相を超えた自由自在な生命の実物だ」と答えたから、「それじゃ、なんで男にならないのか」といったのですね。仏教では、よく女といえば悟りから遠いもののようにいうから「男になったらいいじゃないか」と威丈高になっていった。『山云く、是れ神《じん》にあらず是れ鬼《き》にあらず、箇《こ》の什麼《なに》にか変ぜん』——「妖怪変化じゃないぞ」と答えた。男は男のまま、女は女のまま、それこそが生命の真実なのに、世の中の人は何か特別なことをすれば神通奇蹟と思っている。しかしながら、本当の神通力とは、われわれがこうして一分間にいくつの割で呼吸をしている、この当たり前の実物をおいてほかにはないわけだ。だから男は男なりに、女は女なりにそのまま生きるのが素晴らしい奇蹟であり神通力なんだ。正法眼蔵「神通の巻」にもこうしたことがくわしく書いてある。『箇の什麼にか変ぜん』と末山にいわれて、初めて志閑和尚「オレは悟っている」という我《が》が取れた。

『閑是《ここ》に於《おい》て礼拝し、伏膺《ふくよう》して園頭《えんじゅう》と作《な》ること三載《さんざい》』——園頭とは畑の主任。末山という尼師家のところで、大の男が畑仕事を一所懸命やるのは、よほど力みが取れたからだ。『閑、住院の後に衆に示すに云く、我《われ》臨済爺爺《やや》の処に在りて半杓《はんしゃく》を得、末山孃孃《じょうじょう》の処に半杓を得』——志閑和尚が灌渓に住職してから、会下《えか》の者に示していった。「臨済親爺《おやじ》のところで半分悟り、あとの半分を末山婆さんのところで悟った。——悟りの力みが取れた」。『共に一杓と成《な》して喫《きっ》し了《おわ》り、直《じき》に如今《にょこん》に至って飽餉餉《ほうこうこう》たりと』——それでもって俺は俺で腹一杯になったという。

境涯ではない、行の世界——園頭《えんじゅう》のつとめ

園頭の一職は最難極苦《ごっく》なり。道心有る者の勤め来れる職なり、道心無き人は充つべからざるの職なり。常に菜園に在りて随時に種栽《しゅさい》す。仏面祖面《ぶつめんそめん》、驢脚馬脚《ろきゃくばきゃく》、農夫の如く田夫の如く、終日《ひねもす》鋤鍬《じょしゅう》を携《たずさ》へて自ら畊《たがや》し自ら鋤《す》き、屎《し》を担ひ屎を担ふて生根《しょうこん》を怕《おそ》れず、唯だ熟爛《じゅくらん》を待って時を失すべからず。地を鋤《す》き菜《さい》を種《う》うるの時は、裙褊衫《くんへんざん》を着けず、袈裟直裰《じきとつ》を着けず、只だ白布衫《はくふさん》中衣《ちゅうえ》を着くるのみ。然れども公界《くがい》の諷経《ふぎん》、念誦《ねんじゅ》、上堂、入室等の時は、必ず来って衆に随ふ。参ぜざるべからず。菜園に在りては、朝晩に焼香礼拝念誦して、龍天土地《りゅうてんどぢ》に回向し、曽《かつ》て懈怠《けだい》せず。夜間には菜園に眠息す。供過人力《くかにんりき》随時に替換《たいかん》す、是れ乃《すなわ》ち直歳《しっすい》の差排する所なり。誠に是れ道心の人、大名の人の勤め来れる者なり。小根の輩《やから》、不肖の族《ともがら》は未だ曽て職に充てられず、先師天童古仏《せんしてんどうこぶつ》の会《え》に、西《せい》蜀《しょく》の老普《ろうふ》は、六旬余《ろくじゅんよ》の齢《よわい》にして始めて職に充てらる。一会《いちえ》替《かわ》らず、将《まさ》に三箇年ならんとするに、雲水随喜《ずいき》す。先師深く悦《よろこ》ぶ。若《も》し老普を以て諸山の長老に比せば、諸山の長老は未だ普園頭に及ばず。

註

裙褊衫――裙子《くんす》と褊衫、裙子は腰ごろも、褊衫は上に着るころも。現今は裙子と褊衫をつなげた直裰《じきとつ》を着用するのが雲水の常であるが、宋の中葉頃までは禅宗の僧侶も裙褊衫を着ていた。**白布衫中衣**――中衣は内衣のこと、つまり白い布で作った肌着。**公界の諷経**――公界は一山の規矩《きく》に随って行われること。諷経は読経のことで、これには一山の大衆が参加する。**龍天土地**――龍天善神と土地神。龍天は自分の師に代わって雲水の修行を守るといわれ、土地神はうぶすな神で、弁道無難と作物の豊穣を祈願する諸神。**供過**――つぶさには供過《くか》行者《あんじゃ》、供頭行者といい、諸頭首、小頭等の下働きをする修行僧。**先師**――嗣法の師匠、すなわち本師のことであるが、すでに遷化《せんげ》した本師を特に先師という。

これは前の灌渓志閑禅師の話を受けて、園頭《えんじゅう》の大切さが書かれている。『園頭の一職は最難極苦《ごっく》なり。道心有る者の勤め来れる職なり』――園頭の仕事は道心をもった人でなければつとめられない。いわば百姓仕事をするんだから、いつでもこやし担《かつ》ぎや鋤鍬《すきくわ》を持って働くという荒っぽい仕事をしている。道心がなくてこういう仕事をしていると、どうしてもその人の根性までがこやし臭くなり荒っぽくなる。それじゃあいけない。

私自身、大中寺《だいちゅうじ》にいたときは坐禅とお経誦みだけだったから、長い袖の直裰《ころも》をいつでも着ていたけど、島根県の炭焼仕事の仲間に入ったり、静岡県で潮汲担《しおくみ》ぎの仲間に入ったりすると、だんだん下品になっていった。潮汲担ぎの仲間にいたとき、仲間の皆んなは暇さえあれば博奕《ばくち》を打って、する話といえば女の話ばっかりだし。そうすると自分まで下品になっていく。しかしながらこんななかにいても人間そのものが下品にならないのが道心というものですよ。人間は上品な生活ばかりしていると、生きる幅がなくなって、線が細くなってくる。だから上品なことだけしかできないというのでは生命を失うんだ。しかしながら、下品で野蛮なことだけしかできないというんでも生命はない。上品なことも下品なこともできるのでなければいけない。ところがたいていの場合どっちかになりやすい。それで園頭という役をつとめる人は道心をもっていることが不可欠なんだ。

『常に菜園《さいえん》に在りて随時に種栽《しゅさい》す』――昔の中国の寺は山のなかにあって、規模も大きいので、里の方に寺の畑をもっていて、園頭とか磨院とかいう係の人がいつもそっちへ行って寝泊りして、ただ一人でいるんだからどうしても寺の修行生活から遠ざかりやすい。

『仏面祖面《ぶつめんそめん》、驢脚馬脚《ろきゃくばきゃく》、農夫の如く田夫の如く』――坊《ぼん》さんという面からいえば仏面祖面だけど、馬や驢馬みたいな恰好をして働くから「農夫の如く田夫の如く」という。『終日《ひねもすじょ》鍬《しゅう》を携《たずさ》へて自ら畊《たがや》し自ら鋤《す》き、屎《し》を担《にな》ひ屎を担ふて生根《しょうこん》を怕《おそ》れず』――鍬《くわ》や鋤《すき》を持ったり、こやしを担《かつ》いで働く。いま頃は金肥《きんぴ》といっていろいろな配合肥料があるけど、昔は小便ごえ、大便ごえを担いでかけなければならなかった。私も炭焼や潮汲をしている時代には、仏法とは無関係のところで生活していたわけで、坐禅する暇さえもなかった。

『唯《た》だ熟爛《じゅくらん》を待って時を失すべからず』――仏道修行者は是非とも畑をつくらなければいけない、と私は思う。薪をうまく燃せないようじゃ、自分の生命の火を燃せない。畑の作物を育てられないようじゃ、自分の生命を育てられるはずがない。いまどきはすべてボタンやスイッチ一つでもってすべてを片付けるのに狎《な》れてしまっているから、生命を見失ってしまうことが多い。ところが畑の作物はこやしを欲しがる時機《とき》があるんだから、その時機を見計らってこやしをやらなければ駄目なんだ。この時機の計算をすることはまた自分の生命の計算をすることでもあるから、畑を自分でつくることは大切だと思う。この計算ができないと、本当の生きた働きはできない。これは典座の場合でも同じで、おつゆの出来上がりとご飯の出来上がりのタイミングが合うように、ご飯が出来上がったときは、もうおつゆは冷めているというのでは、もうちぐはぐになる。ここにもやはり生命の計算があるわけですよ。それでこの『時を失すべからず』ということが大切だ。前にもいったけど、こういう仕事に道心を運んでやるのは、いわゆる有閑人士の芸術的境涯の問題ではない。実際に自らの身体を運び、仕事と俺の生命とが一つになってつとめる、いわゆる行の世界なんだ。

『地を鋤《す》き菜《さい》を種《う》うるの時は、裙褊衫《くんぺんざん》を着《つ》けず』――いまのわれわれが着ているのは略式の直裰《ころも》で、本物の裙褊衫《ころも》は、いまの日本でいう真言律宗の人が着ている。その褊衫、裙子《くんす》を着けないで畑仕事をするわけだ。『袈裟《けさ》直裰《じきとつ》を着けず』――われわれの場合、一番下に西洋風のシャツを着て、その上に日本風の着物を着て、その上に中国風の直裰を着て、さらにその上にインド風の袈裟を着けるという、いわば四国《よんごく》伝統の着物を着ているけど、畑仕事のときはインドと中国とをはぶくわけだ。

『只だ白布衫中衣《はくふさんちゅうえ》を着くるのみ』――まあ作務用のしたくをするわけだ。

『然れども公界《くがい》の諷経《ふぎん》、念誦《ねんじゅ》、上堂、入室等の時は、必ず来って衆に随ふ。参ぜざるべからず』――園頭であろうと、お寺で皆んながやるお勤めのときはそれに随わなければいけない。

『菜園に在りては、朝晩に焼香礼拝念誦して、龍天土地《りゅうてんどぢ》に回向し、曽《かつ》て懈怠《けだい》せず。夜間には菜園に眠息す』――夜眠るのは里の方にある出張所だ。これが問題で、この次の段にもその話が出てくる。『供過人力《くかにんりき》随時に替換《たいかん》す』――供過行者《くかあんじゃ》や使用人なんかも適当に入れ換えする。『是れ乃ち直歳《しっすい》の差排《さはい》する所なり』――直歳が自分の了見でやる。

『誠に是れ道心の人、大名の人の勤め来れる者なり』――だから道心がしっかりしていなければ駄目というわけですね。『小根の輩《やから》、不肖の族《ともがら》は未だ曽《かつ》て職に充てられず』――本当に単なる労働者や百姓オヤジになってしまって、仏道修行者としての矜持《きょうじ》を失ってはならないからね。

『先師天童古仏《せんしてんどうこぶつ》の会《え》に、西蜀《せいしょく》の老普《ろうふ》は、六旬余《ろくじゅんよ》の齢《よわい》にして始めて職に充てらる』――天童山の如浄《にょじょう》禅師のもとで、普という和尚が六十歳になって園頭をやっていた。『一会《いちえ》替《かわ》らず、将《まさ》に三箇年ならんとするに、雲水随喜《ずいき》す』——よくつとめてくれるので皆んなが安心していられる。それで『先師深く悦ぶ。若《も》し老普を以て諸山の長老に比せば、諸山の長老は未だ普園頭に及ばず』——諸山の住職たちに較べても、到底、彼らは老普に及ばないということですね。

逆境にも道心を貫く力――法演《ほうえん》古仏《こぶつ》の操行

蘄州《きしゅう》五祖山の法演禅師、舒州《じょしゅう》白雲山の海会守端《かいえしゅたん》和尚に依って大事《だいじ》を咨決《しけつ》し、深く骨髄に徹す。端、山前に磨頭《まじゅう》と作《な》らしむ。演、逐年磨下《ちくねんまか》に糠麩銭《こうふせん》を収めて、解典出息《かいてんしゅっそく》し、人工《にんく》を雇《やと》ひ及び開供《かいく》の外、剰銭《じょうせん》を常住に入る。毎《つね》に人に端《たん》の処に於《お》て闘諜是非《とうちょうぜひ》せらる。云く、演は逐日《ちくじつ》磨下に飲酒《おんじゅ》し、食肉《じきにく》し及び庄客婦女《しょうかくふにょ》を養ふと。一院紛紜《ふんぬん》たり。演之を聞き、故意に肉を買ひ酒を沽《こ》うて磨院に懸《か》け、及び坏粉《はいふん》を買うて庄客婦女に与へて搽画《たかく》せしめ、禅和《ぜんな》の来りて磨院に遊ぶもの有る毎《ごと》に、演、手を以て婦女と揶揄《やゆ》し語笑して、全く忌《い》み憚《はばか》ること無し。端、一日喚《よ》んで方丈に至らしめ、其の故を問ふに、演喏喏《だくだく》して他の語無し。端、劈面《へきめん》に之を掌《しょう》す。演、顔色《がんしょく》動ぜず、遂に礼を作《な》して去る。端咄《とっ》して云く、急に退却せよ。演云く、某算計《それがしさんけ》し了《おわ》らんを俟《ま》て、人を請《しょう》して交割《こうかつ》せん。一日端に白《もう》して曰く、某磨下に在って沽酒買肉《こしゅばいにく》を除くの余り、剰銭《じょうせん》三百千を常住に入ると。端大いに驚駭《きょうがい》して、方《まさ》に小人の嫉妬《しっと》なるを知る。時に円通法秀《えんずうほうしゅう》禅師座元《ざげん》たり、四面山の請を受く、即ち演を請して第一座と為す。

磨下は磨院なり。磨司《ます》と称す。碓米磨麺《たいまいまめん》の局《きょく》なり。寺辺の五六町、若《もし》くは十余町にして之を建つ。磨院主一人之を請す。演祖の職掌乃ち是れなり。往古は道心の士充て来れり、不肖の者は未だ勤めず。今時《こんじ》は道心の輩得難《やからえがた》し。所以《ゆえ》に暫《しばら》く随分の賢《けん》を用ひ、有るに随ひ無きに随ふ。世界の唐荒《とうこう》たることを怜《あわれ》むべし。嘗《かつ》て演古仏の操行《そうぎょう》を観《み》るに、古今に比倫無きなり。桃李《とうり》の色《いろ》、松柏の操《みさお》、朔風《さくふう》未だ破らず、霜雪《そうせつ》何ぞ侵《おか》さん。学道の廉勤《れんきん》応《まさ》に知るべし、誠信《じょうしん》の高節《こうせつ》応に慣《なら》ふべし。晩進後学《ばんしんこうがく》是《かく》の如きの難を見ると雖《いえど》も、弁道の志を退くること勿《なか》れ。既に抜群昇晋《しょうしん》す、蓋《なん》ぞ賢を見て斉《ひと》しからんことを思はざる。古徳道心の浅深、之を以て暁《さと》るべし。弥《いよい》よ高く弥よ堅し。慕はずんばあるべからず。

前の話が前提になって、この話が出てくるわけですが、これは前の法遠の話と共に知事清規中の圧巻です。この五祖山法演という人は系譜からいうと、楊岐方会《ようぎほうえ》—白雲守端—五祖法演と続く人だ。

『舒州《じょしゅう》白雲山の海会守端《かいえしゅたん》和尚に依って大事《だいじ》を咨決《しけつ》し、深く骨髄に徹す』——もう十分骨髄に徹してからの話だ。『端、山前に磨頭《まじゅう》と作《な》らしむ』——磨頭とはあとにも書いてあるけど「碓米磨麺《たいまいまめん》の局《きょく》」で、お米を搗《つ》いたり小麦粉をつくったり、そういう仕事をするところが山の寺とは離れて里の方に出張所が在る。その主任を磨頭というわけだ。『演《えん》、逐年磨下《ちくねんまか》に糠《こう》麩銭《ふせん》を収めて』――毎年、糠《ぬか》や麸《ふすま》を売って『解典出息《かいてんしゅっそく》し、人工《にんく》を雇ひ及び開供《かいく》の外、剰銭《じょうせん》を常住に入る』――ただ糠麩銭を入れるだけじゃない。そしてまた使用人を雇って必要なものも買って、そのほかに残ったお金を常住（寺の会計）に入れている。

『毎《つね》に人に端《たん》の処に於て闘諜是非《とうちょうぜひ》せらる』――闘諜は古来、「間諜《かんちょう》」と解され反間中傷《はんかんちゅうしょう》の意味。つまりスパイする。だから「あいつこんなことをしやがった」「あんなことをしている」って、寺にいる連中からねたまれて、和尚にいろんなことをいう奴がいた。『云く、演は逐日《ちくじつ》磨下に飲酒《おんじゅ》し、食肉《じきにく》し及び庄客婦女《しょうかくふにょ》を養ふと』――「法演は磨下で毎日酒を飲んで肉を食って、そればかりじゃない、妾《めかけ》までもっている。うまいことしやがる」。そういう噂《うわさ》がたったので『一院紛紜《ふんぬん》たり』――皆んな大騒ぎになった。「そうか、うまいことしやがるな、…オレも…」という奴が出てくる。『演之を聞き、故意に肉を買ひ酒を沽《こ》うて磨院に懸《か》け、及び坏粉《はいふん》を買うて』――ずいぶん思い切ったことをやる。肉やお酒を買い、おしろいまで備えて『庄客婦女に与へて搽画《たかく》せしめ』――それを茶屋女にぬらせて『禅和《ぜんな》の来りて磨院に遊ぶもの有る毎《ごと》に』――誰か寺からやって来ると『演、手を以て婦女《ふにょ》と揶揄《やゆ》し語笑して、全く忌《い》み憚《はばか》ること無し』――なかなかいいところを見せるもんだから、いよいよ噂が広がって、いつしか和尚までも本当かと思うようになった。

『端、一日喚《よ》んで方丈に至らしめ、其の故を問ふ』――「こういう噂があるけど、どうだ」

と。『演喏喏《だくだく》して他の語無し』——黙っていたので和尚『劈面《へきめん》に之《これ》を掌《しょう》す』——ピシャッとぶん殴ったわけだ。そしたら『演、顔色《がんしょく》動ぜず、遂に礼を作《な》して去る。端咄《とっ》して云く、急に退却せよ』——「出て行け!」と怒った。『演云く、某《それがし》算計《さんけ》し了《おわ》らんを俟《ま》て、人を請して交割《こうかつ》せん』——「私の帳づけをちゃんと決済するまで待って下さい。それに立ち合う人も一人つけて下さい」といった。

『一日端に白《もう》して曰く、某磨下《まか》に在って沽酒買肉《こしゅばいにく》を除くの余り、剰銭《じょうせん》三百千を常住に入ると』——いままでの磨下より法演はグーンと能率を上げて、寺に金を入れていたわけだから、それまではどうもあまり寺に金を入れていなかったらしい。だとすれば、先に闘諜是非した辺も知れようというもんで、とにかくそこで『端大いに驚駭《きょうがい》して、方《まさ》に小人の嫉妬《しっと》なるを知る』——和尚もその辺は敏感で、ピーンと響いたわけだ。『時に円通法秀《えんずうほうしゅう》禅師座元《ざげん》たり、四面山の請《しょう》を受く、即ち演を請して第一座と為す』——円通法秀がそのとき白雲山の第一座だったんだけど、その後四面山の住職になって法演を請して第一座としたということだ。

ここでわれわれの場合、正師《しょうし》に参ずるというけど、その正師も決して全知全能、完全者じゃないということを、よく知っておかないと話が間違う。この完全者ではない師匠に絶対的につくという、こちら側の態度こそが問題なんだ。これが修行のしどころだと心得ておかなければいけない。というのは、師について何を学ぶか。——結局、自己を学ぶのだから。

だから正師が道理に合わないことで叱責することもある。まったく見当違いのところで怒ることもある。そういうときは「どうせオレの話じゃない」と思っていればいい。当たっていれば、そのところでよく反省して直せばいい。いまの場合でも「オレのこと」じゃないんだから、和尚がぶん殴っても『顔色動ぜず』というところがあるわけだ。要するに真っ直ぐに自分の信ずるところ、生命の実物を生きる、まことを以ってまごころを尽くす、ということが大切でしょう。

沢木老師は私にとってもちろん素晴らしい人だったには違いない。素晴らしい正師だからこそ、私は沢木老師を信じて、遷化《せんげ》されるまでつき抜くことができたんだ。だけど、この沢木老師だって人間なんで、決して絶対的な完全者や、全知全能の人というわけじゃない。そんなお伽噺《とぎばなし》や伝説の上での沢木老師と違って、本当の沢木老師は「宿無し」というくらいで方々を歩いて廻っていたから、ふだんわれわれの生活を見ていたわけじゃない。だから変なところで他人《ひと》の噂を聞いて、変なことを告げ口する尼みたいなのも現われてくる。そんな手合いは、どうせ一面だけを見て自分の主観で告げ口するんだから困る。そんなことでまったく見当外れのところで私もずいぶん叱られたこと何回もありますよ。だけどそんなときは「どうせオレのことではない」と思っていた。そういう信念がなくてはとっても実際の師匠につき抜けるものではない。いや、師匠とはわれわれのそうした信念を磨くためにあるんだ。

その点、キリスト教、殊にプロテスタントなんかでは、ただ絶対的な完全者たる神だけを信ずるという。――理窟としてはそれは結構なことかも知れないけど、そうすると今度は抽象的になりすぎちゃって、いきいきとした自己の生命を鍛えあげることにはならない。ところがそれに対してわれわれの道元門下では、「具体的なこの人」、それだけに完全者ではない師匠について修行することは、大いに意味があると思う。つまり生きた人間に生きた人間がつくということで、初めて生命の実物ができるんだ。要するに完全者でない師匠に、いかに完全なつき方をするか、これが大切なんだ。もちろんそんな完全なつき方なんて、これもできるもんじゃないけど、それがネライで、仏教ではどこまでもこの自己を学ぶわけだ。だから正法眼蔵「自性三昧《じしょうざんまい》の巻」に「たとひ知識にもしたがひ、たとひ経巻にもしたがふ、みなこれ自己にしたがふなり。経巻おのれづから自経巻《じきょうかん》なり。知識おのれづから自知識なり。しかあれば、遍参《へんざん》知識は遍参自己なり。拈百草《ねんひゃくそう》は拈自己なり、拈万木は拈自己なり。自己はかならず恁麼《いんも》の功夫《くふう》なりと参学するなり。この参学に、自己を脱落し、自己を契証《かいしょう》するなり」とある。

要するに、自己ぎりの自己を生きる信念が大切だ。信念とはまことまごころを尽くすことなんだ。他人の是非、他人の噂や評価でフラフラ動かない。俺の生命を俺が生きる気で生きる。この態度で師匠につく。これが正師に参ずることですよ。

だから師匠の手許から離れた磨院につとめる人は、よほどしっかりした人でなければならないわけだ。『今時《こんじ》は道心の輩得難《やからえがた》し』――本当に得難しなんだ。『所以《ゆえ》に暫《しばら》く随分の賢《けん》を用ひ、有るに随《したが》ひ無きに随ふ』――前には清廉潔白なだけじゃいけない、能力ある人といったけど、今度は能力の上に道心がなければいけないという。そしていまはいまなり、できるだけそれに近い人を選ぶわけですね。『世界の唐荒《とうこう》たることを怜《あわれ》むべし』――いまはまったく荒れはてた時代で、ちょっと能力があるかと思えば道心がない。道心があるかと思えばまったく能力がない人間ばかりだ。それじゃあいけない。

『嘗《かつ》て演古仏《えんこぶつ》の操行《そうぎょう》を観《み》るに、古今に比倫《ひりん》無きなり。桃李《とうり》の色《いろ》、松柏の操《みさお》、朔風未《さくふういま》だ破らず、霜雪《そうせつ》何ぞ侵《おか》さん』――道元禅師は前の法遠とこの法演を馬鹿に褒めているけど、道元禅師がいいたいのは実にこの世俗的な仕事をしながら道心を貫いて世俗に染まらないということですね。『学道の廉勤《れんきんまさ》応に知るべし、誠信《じょうしん》の高節《こうせつ》応に慣《なら》ふべし。晩進後学《ばんしんこうがくかく》是の如きの難を見ると雖《いえど》も』――だから非常に困難な事件に出逢ったときにも『弁道の志を退くること勿《なか》れ』――退いてはならない。『既に抜群昇晋《しょうしん》す、蓋《なん》ぞ賢を見て斉《ひと》しからんことを思はざる。古徳道心の浅深、之を以て暁《さと》るべし。弥《いよい》よ高く弥よ堅し、慕《した》はずんばあるべからず』――この法演禅師の話、何回もいうようだけど、道元禅師がいいたいところの理想的人間像は決してただ清廉潔白なだけの、ヒステリックな人間じゃあないんだということがよく分かると思う。

誓願のなかただ現在を植える——臨済《りんざい》の黄檗山《おうばくさん》植樹

得道よりこのかた苦学節倹せし例。

臨済院《りんざいいん》恵《え》照大師《しょうだいし》、黄檗山《おうばくさん》に在りて松を栽《う》うる次《つい》で、黄檗問ふ、深山裏《しんざんり》に許多《こた》の松を栽えて什麼《なん》とか作《な》す。師云く、一《ひとつ》には山門の与《ため》に境致と作《な》し、二には後人《こうにん》の与に標榜《ひょうぼう》と作さんと。道《い》ひ了《おわ》って钁頭《かくとう》を将《も》って地を打つこと一両下《いちりょうげ》す。黄檗云く、然《しか》も是《かく》の如くなりと雖《いえど》も、子《なんじ》も也《また》吾《わ》が三十棒を喫《きっ》し了《おわ》れり。師又钁頭を以て地を打つこと両下、嘘《こ》嘘《こ》す。黄檗云く、吾宗《わがしゅう》汝《なんじ》に到って世に興《おこ》らん。潙山前《いさんさき》の因縁を挙《こ》して仰山《きょうざん》に問ふ、黄檗当時祇《そのかみただ》臨済一人に属すや、更に人の在る有りや。仰山云く、有り。祇《ただ》是れ年代深遠《ねんだいじんのん》にして和尚に挙似《こじ》せんことを欲せず。潙山云く、然も是の如くなりと雖も、吾《われ》且《か》つ知らんと要す、汝但《ただ》挙せよ看《み》ん。仰山云く、一人南《みんなみ》を指して呉越《ごえつ》に令《れい》を行じ、大風《おおかぜ》に遇《お》うて即ち止《や》まん。

臨済、黄檗に在ること二十年、苦学弁道するのみ。或時《あるとき》は松を栽え、或時は杉を栽う、豈《あに》密《みつ》語《ご》密行《みつぎょう》に非ざらんや。一山《いっさん》の境致《きょうち》、万古《ばんこ》の標榜なる者なり。俗に云く、賢良《けんりょう》は徳を忘れず、小人《しょうにん》は恩を報ぜずと。況《いわ》んや仏祖屋裡《ぶっそおくり》の児《に》、須《すべか》らく法乳の深恩《じんのん》に報ずべき者か。所謂《いわゆる》報恩とは、松を栽え杉を栽うるなり。粥足《しゅくた》り飯足《はんた》るなり。年代深遠《ねんだいじんのん》たりと雖《いえど》も、還《かえ》りて是れ樹《き》を深山に栽うるなり。钁頭打地《かくとうたち》、已《すで》に吾が棒を喫す。吾宗汝《わがしゅうなんじ》に到って大いに世に興《おこ》らん。仏道の津梁《しんりょう》を期《き》せんと欲《ほっ》せば、須《すべか》らく当時の臨済に慣《なら》ふべし。

普通の都会人は、松や杉を植えるといったら、ちょっと穴を掘ってそこへ苗木を入れるぐらいのことを考えているけど、実際にはまず山を切り拓《ひら》くということからが問題なんだ。いままで生えている雑木を切り倒して、すべて整理してから苗を植える。これだけでもなかなか大変な仕事だ。そうして植えてからも、今度は下刈りが大変だ。私が安泰寺の荒れた竹藪《たけやぶ》を整理し、そのなかに生えている大きな松を何十本も切り倒して、そのあとに杉を植えたのは昭和三十六年だったけど、その夏は四回下刈りをした。三月に苗木を植えて、もう五月の初めには雑草が出てきて覆ってしまう。だからまずそれを刈る。梅雨が過ぎるとまた出てくる。七月と八月は毎月刈っていた。托鉢には毎日出なければならない、摂心はある。そんななかでやる、これは大変なことだった。つまり松や杉を植えるのは安泰寺みたいな小さなところでもなかなか大変な仕事です。これは生命を植えることで、ただ種を播けばよいというのではない。苗木を植えたらそれでいいというもんでもない。生命の育つ環境をつくりだすということだ。下刈りをして手入れするということなしに生命を植えることはあり得ない。いまどきは子どもを生んで生みっ放しというのが多いけれど、子どもを生んだら子どもを育てあげるのにふさわしい環境をつくることに責任をもたなければいけない。子どもは愛玩動物じゃない、ただ可愛がるだけでやっていたら、どうせろくでもない子どもが出来上がるに決まっている。

畑を耕すとか松や杉を植えるということは、長いあいだコツコツと手入れをして育てていかなければならない。坊さんをつくるにも、ただ頭を剃ればいいというのではない。修行者として貫き通す、というところまで育てあげなきゃならないわけだ。

『黄檗山《おうばくさん》に在りて松を栽《う》うる次《つい》で、黄檗問ふ、深山裏《しんざんり》に許多《こた》の松を栽えて什麼《なん》とか作《な》す』――「こんな山奥に松を植えてどうするんだ」といった。『師云く、一《ひとつ》には山門の与《ため》に境致と作《な》し、二には後人《こうにん》の与《ため》に標榜《ひょうぼう》と作さんと』――松や杉を植えるのは、確かに山門のために風景をととのえるという意味がある。安泰寺でもこの辺がだんだん開けてくるなかに、ここだけはこんもりとした森にしたいと思う。これは境致をつくることですよ。それと同時に『後人の与に標榜と作さん』――いまの日本人はエコノミックアニマルで、ちょっとでもカネになることなら何百年も経って育った大木でも平気で切り倒してしまう。ところが、いまどき木を植えるのはそういう風潮にあって大いに後人のための標榜だ。生命をいかに大切にするかという「実物見本をオレがやる」。私はそういうつもりで植えている。『道ひ了《いおわ》って钁頭《かくとう》を将《も》って地を打つこと一両下《いちりょうげ》す』――钁頭というのは大鍬《おおぐわ》ですね。前には『一には山門の与《ため》に境致と作《な》し、二には後人の与に標榜と作さん』といってはみたけど、大体そういうのは一応の方向だ。その一応の方向の話だけで終わっていたら、それでは仏法の話にはならない。われわれはいつも一応の方向をもっていろんなことをやってはいるけど、その方向通りにゆくとは決まっていないんだ。アテと方向は分けて考えなければいけない。ものごとをするのに一つのアテをもってやったら、どうせ外れることが出てくる。早い話がこの安泰寺だって、住職が代われば私が植えた杉も切り倒してアパートでも建てないとも限らない。だから本当は、アテというのは描けないいんだ。しかしながら「諸行は無常で先は分からないのだから」といって放っておいたら、これはまたどうにもならない。その点、方向は方向で「祇《た》だ這《こ》れ箇《こ》れ」というところがなければばならない。松や杉を植えるのは一応の方向だ。しかしながら、それは「ただ植えている」んであって、アテを描いているんではない。そこで何をするのにも一応の方向はもっていると同時に、その方向を超えたところで行動する。これがわれわれの祇管《しかん》という行です。無所得の行だ。この気持ちを表わすのが、ここの『地を打つこと一両下す』じゃないですか。

『黄檗云く、然《しか》も是の如《かく》くなりと雖《いえど》も、子《なんじ》も也《また》吾《わ》が三十棒を喫《きっ》し了《おわ》れり』――未来にアテは描けないといいながらも、「お前は過去において衲《わし》のところで修行したればこそ、いまのお前があるんじゃないか」。そう黄檗が反問したわけだ。ところが『師又钁頭を以て地を打つこと両下、嘘嘘《ここ》す』――過去現在未来は確かにありはするけど、しかしながら現在はただ現在、いまの仕事をする。その気持ちをここにいっているんだと思う。要するにわれわれの仕事はどうなるか分からないんだけど、とにかく一応の方向でもってただやる。これが大切だ。結局この実物がやがて大きな力となって大いに世にも興《おこ》るんだ。『黄檗云く、吾宗《わがしゅう》汝に到って世に興《おこ》らん』――。

『潙山前《いさんさき》の因縁を挙《こ》して仰山《きょうざん》に問ふ』――潙山と仰山というのは前にも話したけど、非常に仲のよい弟子と師匠で、この二人はいつでも相談し合っているような問答をやっている。それが潙仰宗《いぎょうしゅう》という家風になる。いま、前の臨済の話をもち出して『問ふ、黄檗当時祇《そのかみただ》臨済一人《いちにん》に属すや、更に人の在る有りや』――黄檗はその当時、臨済にすべてを托しているけど、そのほかに黄檗の弟子のなかに『人の在る有りや』と訊いた。そこで『仰山云く、有り。祇《ただ》是れ年代深遠《ねんだいじんのん》にして和尚に挙似《こじ》せんことを欲《ほっ》せず』――中国の言葉は非常に含畜深くて『年代深遠にして』といえばいかにも「神代《かみよ》の昔話だから和尚には申しあげられませんよ」と聞こえるけど、この潙山、仰山は黄檗、臨済とほとんど同じ時代の人なんだ。そうするとこれはどういうことか、要するにこれは時間の話じゃないということだ。空劫《くうごう》以前の消息ということだ。これに対して『潙山云く、然《しか》も是《かく》の如くなりと雖《いえど》も、吾且《われか》つ知らんと要す、汝但《ただ》挙せよ看《み》ん』――「さあ、その空劫以前の消息、時間内の話でないところをいってみろ」ということ。『仰山《きょうざん》云く、一人南《みんなみ》を指して呉越《ごえつ》に令《れい》を行じ、大風《おおかぜ》に遇《お》うて即ち止《や》まん』――南というのは揚子江の南、呉越のこと。ある人が南という自分の方向によって呉越に到って教えを広めたとしても『大風に遇うて即ち止まん』――アテが崩れたところでは止むんだ。方向は方向だけど大風が来て止むときには止むんだ。禅の言葉に「われに大力量あり、風吹けば倒る」というのがある。風が吹いたら倒れればいい。それに抵抗しなくてもいいのね。いまわれわれは誓願にしたがって行動している。しかしこれはアテではないんだ。二十一世紀は俺がつくる。いま安泰寺で修行している人たちが二十一世紀を指導して働くようになる、それが私の誓願だ。しかしそうなって初めて私の誓願が充たされるというんじゃない。「祇《た》だ這《こ》れ箇《こ》れ」、ただ行じているいまここで私の生命は完結しているんだ。だからもしかすると、ヒットラーみたいな奴が現われていまここで修行している人たちが、これから世の中に働こうという矢先に水爆でも落としたとかで、皆んな犬死にすることもあるかも知れない。それでも仕方ないんだ。方向は方向、アテは描けない。われわれいまの安泰寺の修行にどこまでも「祇だ這れ箇れ」とやるだけなんだ。年代深遠、空劫以前の消息とは、いまわれわれ誓願という方向においてただやるだけ。

『臨済、黄檗に在ること二十年、苦学弁道するのみ。或時《あるとき》は松を栽《う》え、或時は杉を栽う、豈《あに》密《みつ》語《ご》密行《みつぎょう》に非ざらんや』――「密語密行」というのは、結局、他人に知られずただ自分一人が自分の行いを知る「唯独自明了《ゆいどくじみょうりょう》、余人所不見《よにんしょふけん》」（法華経法師功徳品）ということですね。ふだんのわれわれはいつでも他人の評価が問題で、これだけで行動している。ところがいまわれわれの本当の生きるネライは、現在は現在ぎり、俺は俺ぎりで完結しているんだ。これが「余人所不見」で「密語密行」なんだ。他人とのカネアイの話ではないんだ。

『一山《いっさん》の境致《きょうち》、万古《ばんこ》の標榜なる者なり』――道元禅師の門下で一番大切なのは「祇管《しかん》」ということ。これはもと雲巌《うんがん》禅師の「祇だ這れ箇れ」という言葉からきているけど、この密語密行というのも実はこの祇管です。この祇管の態度こそが本当の力なんだ。そしてこの実物見本がまた人を引っぱってゆく、それが妙なんだ。過去―現在―未来とつながっている奴は途切れる。ところが現在は現在ぎりという生命態度が、初めて未来をつくるんだ。世間の評価なんかどうでもいい、俺は俺ぎりを生きているという奴が、また世間に響きわたるんだ。

『俗に云く、賢良《けんりょう》は徳を忘れず、小人《しょうにん》は恩を報ぜずと』――俗世間の人でも賢い人は徳を忘れないけど、小人は恩を知らないという。『況《いわ》んや仏祖屋裡《ぶっそおくり》の児《に》、須《すべか》らく法乳の深恩《じんのん》に報ずべき者か』――まして仏法に生かされ、仏法によって自分の人生態度が決まったら、仏法の人生態度で報じなければならない。この人生態度なしに「有難い」ということはない。だから仏恩というものは、そんなに簡単にもち出していいものではない。それで自分の人生態度が仏法でもって決まったら、そこで動かなければならない。要するに「衆生《しゅじょう》無辺誓願度《むへんせいがんど》、煩悩《ぼんのう》無尽誓願断《むじんせいがんだん》、法門《ほうもん》無量誓願学《むりょうせいがんがく》、仏道《ぶつどう》無上誓願成《むじょうせいがんじょう》」——これが生命の働きだ。

『所謂《いわゆる》報恩とは、松を栽え杉を栽うるなり』——いまわれわれが松を植え杉を植えるというのは、ただの植林の話じゃない。むしろ仏道修行者の種を次から次へと植えることでなければならない。そしてこの修行者を育てるために一番大切なことは、いまいった松や杉を植える話から考えてみても、何より本当の修行者が育つ環境をつくることだ。ところがいまのいわゆる宗教家たちは、在家の信者たちにいいところばかりを見せようとして、裏表をつくりすぎていやしないか。キレイゴトばかり見せかけているんじゃないだろうか。——もしそういうことばかり弟子の修行者たちに見せていれば、本当の修行者はそこからは育つはずはない。その点、何より大切なのは、そういう裏表なし、キレイゴトなし、何よりまず「自分自身が宗教に生きる」という姿勢でなくてはならないと思う。つまり『粥足《しゅくた》り飯足《はんた》るなり』——これは何も生理的に胃袋が満腹ということではない。真に自分が自分に落ち着き、立命することだ。世間がどう評価しようと俺が俺を生きるという姿勢が出来上がったとき、これが真に安心立命《あんじんりゅうみょう》だ。

ところで私は、いつも「自己ぎりの自己」、「世間評価や噂で動かない信念で行動する」といっているけど、これは何も他を無視した頑固、強情ということじゃないですよ。いま私のいう自己ぎりの自己は、一切衆生ぐるみの自己、尽一切ぐるみの生命を生きぬくことをいっているのであって、その辺は絶対に誤解のないように……。だから『年代深遠《ねんだいじんのん》たりと雖《いえど》も、還《かえ》りて是れ樹《き》を深山に栽《う》うるなり』――年代深遠というのは時間以前、われわれの生命は時間以前だ。それでは時間以前だから何んにもないかといえば『還りて是れ樹を深山に栽うるなり』――「祇だ這れ箇れ」という行があるわけだ。つまりいま永遠であり、永遠がいまなのであって、俺が現在だけを生きる。『钁頭打地《かくとうたち》、已《すで》に吾が棒を喫す。吾宗汝《わがしゅうなんじ》に到って大いに世に興《おこ》らん』――ただこれこれのなかに、しかしながら因果歴然《いんがれきねん》なんだ。黄檗のところで臨済が本当に三十棒を喰《くら》ったらばこそ、いまの臨済が出来上がっている。そういう実物が初めて世に力を及ぼしてゆく。達磨門下の生き方は、宣伝カーでもってことをすませようというんじゃない。ともかく俺は俺ぎりの俺を生きる、それでいてかえって世に広まる。宣伝カーで「ダルマ、ダルマ、ドーゾヨロシク！」というように叫んでいる、これが現代《いま》の人のやり方だ。だけどこれはアブクみたいなもので、まったく意味がない。マスコミで広まったものはマスコミのなかに消えてゆくんだ。大切なのは、じっくり俺だけがやっているという実物見本が共鳴しあっていくことですよ。『仏道の津梁《しんりょう》を期《き》せんと欲《ほっ》せば、須《すべか》らく当時の臨済に慣《なら》ふべし』――この臨済の生き方を、本当にならわなければいけないと。

まことまごころと人間の大きさ ——黄龍《おうりょう》の思慮

小職為《た》りと雖《いえど》も妄《みだり》に授けざるの例。

晦堂《かいどう》、一日黄龍《いちじつおうりょう》を見るに不予《ふよ》の色《いろ》あり。因《ちな》みに之に逆問《ぎゃくもん》す。黄龍曰く、監収《かんしゅう》未だ人を得ず。堂遂《つい》に感副寺《かんふうす》を薦《すす》む。黄龍曰く、感は尚暴《なおせわ》し、恐らくは小人《しょうにん》の為に謀《はか》られん。晦堂曰く、化侍者《けじしゃ》は稍廉謹《ややれんきん》なり。黄龍曰く、謂《おもえ》らく化は廉謹なりと雖《いえど》も、秀荘主《しゅうそうしゅ》の量《りょう》有りて、而《しか》も忠《ちゅう》なるに若《し》かず。霊源嘗《れいげんかつ》て晦堂に問ふ、黄龍一監収《かんしゅう》を用いるに、何ぞ過慮《かりょ》すること此《しか》の如くなる。晦堂曰く、国を有《たも》ち家を有つ者、未だ嘗《かつ》て此を本《もと》とせずんばあらず。豈特《あにただ》黄龍のみ然《しか》りとせんや。先聖《せんしょう》も亦曽《またかつ》て之を戒むと。

大潙《だいい》の秀《しゅう》、双嶺《そうれい》の化《け》、感鉄面《かんてつめん》の三人なり。共に是れ天下《てんか》の知識なり。這般《しゃはん》の人《ひと》、曽《かつ》て監収《かんしゅう》、荘主《そうしゅ》、副寺《ふうす》等に充《あ》て来る。今這般《しゃはん》の人を求むるは、譬《たと》へば飛兎《ひと》騄耳《りょくじ》を覓《もと》めて以て馬を得んと欲するが如し。今時監寺《こんじかんす》に充てらるるの輩は、土貌野格等《どぼうやかくとう》なり。然れども猶《なお》当時の賢を用ゆ。黄龍の道《どう》を惜《おし》み法を惜むが如きんば妄《みだ》りに授くべからず。妄りに授けば、失立《しつたちどこ》ろに来らん者か。

註　監収――監量ともいい、小作米を取り立てる役。　廉謹――廉直、謹直、つまり真面目という意味。　飛兎騄耳――飛兎も騄耳も、ともに古代中国の名馬。

『晦堂《かいどう》、一日黄龍《いちじつおうりょう》を見るに不予《ふよ》の色《いろ》あり』――晦堂祖心《かいどうそしん》禅師が師匠の黄龍慧南《おうりょうえなん》和尚を見るに、何か心配事があるような顔をしていた。『因《ちな》みに之に逆問《ぎゃくもん》す』――「一体どうなさったのですか」といったら『黄龍曰く、監収《かんしゅう》未だ人を得ず』――昔の中国の叢林《そうりん》はたくさんの田畑をもっていて小作人につくらせている。監収というのは、その小作米を取り立てる役。『堂遂《つい》に感副寺《かんふうす》を薦《すす》む』――「副寺をしている慈感《じかん》和尚はどうですか」といった。それに対して『黄龍曰く、感は尚暴《なおせわ》し、恐らくは小人《しょうにん》の為に謀《はか》られん』――「慈感和尚はちょっと軽率なところがあるから、小作人にうまいことといわれてゴマかされちゃう」という。一杯飲まされたらもうポーッとして、もうことがすんでしまう人がいるけど、それじゃあ役にふさわしくない。『晦堂曰く、化侍者《けじしゃ》は稍《やや》廉謹《れんきん》なり』――「それじゃあ侍者をしている化和尚《けおっさん》はどうですか、あの人は真面目だから……」。『黄龍曰く、化は廉謹なりと雖《いえど》も、秀荘主《しゅうそうしゅ》の量《りょう》有りて、而《しか》も忠なるに若《し》かず』――「考えてみるに化和尚は人間が真面目ではあるけど、人間の大きさからいってもまごころの上でも懐秀荘主《えしゅうそうしゅ》の方が優れている」といった。量とは度量、人間の大きさ。忠とは中心で中の心、つまり、まこととまごころです。

「二宮翁夜話」に「我が道は志誠《しせい》と実行のみ、故に鳥獣虫魚草木にも皆及ぼすべし、況《いわん》や人に於《おけ》るをや、故に才智弁舌を尊《たっと》まず、才智弁舌は、人には説くべしといへども、鳥獣草木を説く可《べ》からず、鳥獣は心《こころ》あり、或《あるい》は欺《あざむ》くべしといへども、草木をば欺く可からず、夫我《それわが》道は至誠と実行となるが故に、米麦蔬菜瓜茄子《べいばくそさいうりなす》にても、蘭菊《らんきく》にても、皆是《これ》を繁栄せしむるなり、仮令智謀孔明《たといちぼうこうめい》を欺《あざむ》き、弁舌蘇張《べんぜつそちょう》を欺くといへども、弁舌を振《ふるっ》て草木を栄えしむる事は出来ざるべし……云々」とあるけれども、まことまごころを運ぶというのが大切だ。まことまごころのみが、人間のみならず鳥獣草木にもいつわりなく通ずる実物の言葉だ。しかしながらそれと同時に、人間の大きさが要求される。そこで『秀荘主《しゅうそうしゅ》の量有りて、而《しか》も忠なるに若《し》かず』

――結局、懐秀和尚を監収に充てたわけですね。

『霊源嘗《れいげんかつ》て晦堂に問ふ、黄龍一監収《かんしゅう》を用いるに、何ぞ過慮《かりょ》すること此《かく》の如くなる』――晦堂の弟子霊源惟清《れいげんいせい》禅師がいまの話を取りあげて師匠の晦堂に質問した。「黄龍はどうして小作米の取り立て役ぐらいであれこれと手を焼いたのですか」、『晦堂曰く、国を有《たも》ち家を有つ者、未だ嘗《かつ》て此を本《もと》とせずんばあらず。豈特《あにただ》黄龍のみ然《しか》りとせんや。先聖《せんしょう》も亦曽《またかつ》て之を戒むと』――私は、知事清規に出てくるこの話から学んで、自分もそういうつもりでやっている。安泰寺に住んで小規模ながらいろいろと普請《ふしん》してきているわけですが、その際、直接大工さんに向かって「ああしろ、こうしろ」といって、何から何まで指図することなんてできやしない。そうなると、頼りになるのはその工事をする人間だけだ。どの人に工事を頼むかで決まってくる。それで私は、いま普請をするときにはいつも韓国人のある人に頼むんだけど、この人は初め隣りのお墓の工事をしていた。私はその工事のやり方を見ていて感心した。いつも大きな声を出して怒鳴りまくっているけれど、その下で働いている作業員が皆んなきびきび働いている。それでその次の工事をこの人にやらせてみたら、この人は任せっ放しでもよくやってくれる。その上、短期間で確実にやる。そんなわけでそのあとの工事はみんなこの人に頼んでいるが、大体よくいっている。

その点、この知事清規の言葉は、われわれの実際生活のいろいろな面で大きな力となってくれるので、まったく有難いことですよ。職人でも技術がうまくなくてはいけないけど、それと同時に、人を裏切らない信用のある人でなければいけない。いまの時代は組織だとか設備だとかだけでものごとを判断していて、そこには人間というものがまったく考えられていない。例えば教育一つでも教育の組織だけを考え、すぐ「どれだけの予算が必要」というようなことだけで終わる。そうして教師なんてものは誰でもいいと思っている。そこには教師というポストがあるだけで、この教師という人が考えられていない。それはいくらでもすげ替えのきく組織の一部であり、一人格としての教師ではない。教師というのは、やっぱり「この人でなければ……」というのでなければならない。本当の仕事をするのは、生きて血の通った人間がやるということを忘れてはならない。

その点、教育だって失敗のないようにやる、抜かりなくやるだけが能じゃない。組織や設備を充実させるのはいいけど、そのなかで働く教師が時々抜かりがあって失敗をくり返しながら、その失敗をどう取り返すか、その抜かりをどう回復するかという生きた態度が子どもたちにも生きて伝えられることになる。これが「生きた教育」だ。テレビやテープは抜かりない講義をするかも知れないけれど、インスタント食品みたいに味が決まってくると、初めのうちはいいけどいつの間にか「またこの味か」というふうにトコトン嫌になる。この味けなさからは生命の真実は生まれてこない。大切なのは「個人」が、「この人」が生きているというのでなければならない。セトモノが愛されるのは壊れるというところが愛されるのだというけど、確かにそこがいい。人間生命のいいところは死ぬというところだ。生きていることは死ぬことがあるから味があるんだし、何かやれば間違うから、間違いなくやるのが嬉しい。たとえ間違ってもその間違いや失敗に耐えて、それを乗り越える弾力性こそが生命だ。間違いがまったくないようではつまらない。だから間違いは悪いことで根本的な欠点だと思わないで、間違いもまた楽し、という得意の一席であってもいい。間違い、失敗というマイナスも、これにマイナス一を掛ければプラスになるんだ。その点、まったく失敗をしたことのない奴というのは人間としても薄っぺらだ。まったく失敗のない大量生産的機械や組織がいいのではない。大切なのは生命を本当に信じ本当に愛するということで、何ごとにおいても俺は生命でもってやり抜くというところがなければならない。

『大潙《だいい》の秀《しゅう》、双嶺《そうれい》の化《け》、感鉄面《かんてつめん》の三人なり。共に是れ天下《てんか》の知識なり』——ここに出てきた三人は役の上からは大したことはないようだけど、大潙懐秀も双嶺の化も、鉄面慈感も、ともに天下の大善知識なんだ。『這般《しゃはん》の人《ひと》、曽《かつ》て監収《かんしゅう》、荘主《そうしゅ》、副寺《ふうす》等に充《あ》て来る。今這般《しゃはん》の人を求むるは、譬《たと》へば飛兎《ひと》騄耳《りょくじ》を覓《もと》めて以て馬を得んと欲するが如し』——いまどきそのような人を求めるのは飛兎や騄耳のような非常な名馬を欲しがるようなもんだ。『今時監寺《こんじかんす》に充てらるるの輩は、土貌野格等《どぼうやかくとう》なり』——土貌野格というのは見た目も人格も粗野で野人のような人。まあ道元禅師という人はずいぶんひどいことをいう。いまの奴らは皆んなそんなふうだという。『然れども猶《なお》当時の賢を用ゆ』——あんまりひどいこといったもんだから、そのあとでちょっといい直した。いまはいまなりによくできた人を使うべきだということですね。大体、孔子さんと道元禅師は昔の人をずいぶん褒めていうけど、決して昔の人が皆んな立派だったわけじゃないし、いまの人だっていくらでも立派な人がいるわけだ。その点、昔だいまだという時間以前で修行することが真実ですよ。『黄龍《おうりょう》の道《どう》を惜《おし》み法を惜むが如きんば妄《みだ》りに授くべからず。妄りに授けば、失立《しったちどこ》ろに来《きた》らん者か』——いい加減な人をそういう職につけたら、たちどころに失敗が現われるだろうということですね。

禅寺は坐り潰《つぶ》せば成仏 ——楊岐山《ようぎさん》と安泰寺

知事等、豊屋《ほうおく》を事とし高堂大観を作る可《べ》からざる例。

五祖山の法演和尚衆に示して曰く、師翁初め楊岐山《ようぎさん》に住す。老屋敗椽《ろうおくはいてん》、僅《わずか》に風雨を蔽《おお》ふ。適《まさ》に冬暮に臨んで雪霰《せっさん》床に満ちて、居処《きょお》るに遑《いとま》あらず。衲子《のっす》誠を投じて修造に充たらんことを願ふ。師翁之を却《しりぞ》けて曰く、我《わが》仏言《のたま》ふことあり、時減劫《げんこう》に当って、高岸深谷遷変して常ならず、安《いずく》んぞ円満如意にして自ら称足を求むることを得ん。汝等出家し学道す、做《さ》手脚《しゅきゃく》未だ穏《おだや》かならず、已《すで》に是れ四五十歳なり。詎《なん》ぞ閑工夫《かんくふう》有って豊屋を事とせんや。竟《つい》に従はず。翌日上堂して云く、楊岐乍《はじ》めて住すれば屋壁踈《おくへきそ》なり、満床《まんしょう》尽《ことごと》く撒《さっ》す雪の珍珠《ちんじゅ》。項《うなじ》を縮却《しゅっきゃく》して、暗《あん》に嗟嘘《さこ》す、翻《ひるがえ》って憶ふ古人樹下《じゅげ》の居《きょ》。

夫《そ》れ高堂台池の構《かまえ》は、世間出世同じく誡《いまし》むる所なり。尸子《しし》に曰く、黄帝《こうてい》の行ひを観《み》んと欲せば合宮《ごうきゅう》に於てし、堯舜《ぎょうしゅん》の行ひを観んと欲せば総章に於てす。黄帝の明堂《めいどう》は草を以て之を蓋《おお》ふ、名《なづ》けて合宮と曰ふ。堯舜の明堂は草を以って之を蓋ふ、名けて総章と曰ふと。之《これ》を以て之を知る。古《いにしえ》聖賢の君《きみ》は、宮垣室屋《きゅうえんしつおく》崇《たこ》うせず、茅茨《ぼうし》の蓋剪《がいき》らず、況《いわ》んや仏祖の児孫《じそん》、誰か豊屋《ほうおく》を事とし、朱楼玉殿を経営する者ならんや。一生の光陰幾《いく》ばくならず、虚しく度《わた》ること莫れ。予《われ》二十余年両朝を歴観するに、或は老年或は壮齢、寸陰を惜まず、土木を経営する者、多くは一世《いっせい》を唐労《とうろう》し周章《しゅうしょう》して度を失す。哀《かな》しい哉《かな》、苦なる哉。白法《びゃくほう》は抛《なげう》つが如くにして黒業《こくごう》は未だ舎《す》てず。若《も》し残命《ざんみょう》の稍少《しょうしょう》たることを覚《さと》らば、豈《あに》樹功の高大を貪る者ならんや。演祖の意唯《ただ》此に在り。

最後にこれはまた素晴らしい話。素晴らしい話だからこれは知事清規だけでなく、正法眼蔵「行持の巻」にも随聞記にも出てくる。

楊岐方会《ようぎほうえ》禅師は慈明のところを出てからのち楊岐山にある寺に住したわけですが、この楊岐山の寺というのはものすごい荒寺で、坐禅していると、すき間風はもちろん雪まで舞いこんでくるほどだった。そこで弟子たちが「何んとか普請《ふしん》しようじゃないか」といって楊岐に話した。それに対して『汝等《なんじら》出家し学道す、做手脚《さしゅきゃく》未だ穏《おだや》かならず、已《すで》に是れ四五十歳なり』――「お前たちは坊主になって修行しているのにまだ修行が未熟で足腰がフラフラしている。――結局、生きるネライがついていない――しかもお前たちの歳は四、五十じゃないか」、『詎《なん》ぞ閑工夫《かんくふう》有って豊屋《ほうおく》を事とせんや。竟《つい》に従はず』――「坐禅堂だけよくしたってしょうがないじゃないか」といって、とうとう普請しなかった。

『翌日上堂して云く、
楊岐乍住屋壁疎、（楊岐《ようぎ》乍《はじ》めて住すれば屋壁疎《おくへきそ》なり）
満床尽撒雪珍珠。（満床《まんしょう》尽《ことごと》く撒《さっ》す雪《ゆき》の珍珠《ちんじゅ》）
縮却項、暗嗟嘘、（項《うなじ》を縮却《しゅっきゃく》して、暗《あん》に嗟嘘《さこ》す）
翻憶古人樹下居。（翻《ひるがえ》って憶ふ古人樹下《じゅげ》の居《きょ》）』

こういう詩をつくった。楊岐山に初めて住したところが破れ寺で雪が舞いこんでくる。そこで坐禅しているのだから「おお寒い」と首をすくめる。それから『翻って憶ふ古人樹下の居』――昔の人は林のなかで坐禅したんだということですね。

この話を私がまったく他人事と思えないのは、私が昭和二十四年にこの安泰寺にやって来たとき、この寺がまったくひどい破れ寺で、ちょうどここに出てくる楊岐山の寺と同じだったからです。まず門といったら瓦が落ちかけているし、畳でもみんな破れてワラが出ているし、その上、壁は落ちてくるし、ところどころ雨漏りがしているし、本堂の屋根には腕の太さほどの松の木が生えていたし、ともかくひどい破れ寺でしたよ。おまけに檀家が一軒もなく、まったく無収入の寺です。

この安泰寺はもともと沢木老師が衛藤即応先生（安泰寺四世、当時駒澤大学学長）から借りて入ったんだけど、衛藤先生が亡くなってから沢木老師が住名《じゅうめい》を出した。それでももともと老師の寺でないんだから、老師は「オレが死んだらお前はここからすぐ出てゆけよ」といっていた。私だってこんなところに住んでみてもどうせ住みきれやしないから「すぐに出ます」と答えていたわけです。ところがしばらくしたら、あとの嗣《つ》ぎ手がいないとまたもとの破れ寺になるのだし、せっかく坐禅が沁《し》みついてきた寺でもあるし、私が住職になった方がいいというのが宗門内での動向だったらしい。それで老師も「やっぱりお前が住職しなきゃならないようになったぞ」といわれるようになった。しかし私は「それは困る」と思った。老師の生きているあいだは何んとか老師に修理してもらえるけど、私みたいな意気地なしがこんな寺に住職したら一体どうしていいのか分からない。へたにこんなところを引受けたら大変だって悩んだんです。

そうしたときにこの楊岐の偈《げ》を思い出して「そうだ！　あの手でいけばいいんだ」って決《けつ》定《じょう》した。安泰寺はいやしくも禅寺なんだ。それならもし破れて雨漏りしてきたら雨の漏っていないところに行って坐禅していればいい、そして次から次へと雨漏りしてきてとうとう崩れた……、それまで坐禅し続けたということになったら「坐禅し潰《つぶ》した禅寺」ということで、これは禅寺としては成仏じゃないか。そういう寺が一軒ぐらいあっても悪くない。そう考えた。——とにかく家としては雨漏りに気をつけるということは大切で、もしいったん雨漏りがし始めて、それを放っておくと、木造建築は腐っていく、そして最後には倒れちゃうもんね。しかしながら雨漏りを直す費用さえもないなら、これはもう討ち死にするよりしょうがない。そんなふうで私は、安泰寺を坐り潰すつもりで引受けた。

ところが少しでもカネがある限りは、討ち死にさせずに修理もして存続させることは当然でしょう。幸いにも私には折り紙の印税が入ってくるようになったので、まあなんとか細々ながら修理してくることができた。そうしたら、それがこの頃になると無条件にカネをただくれる人も出てきて、とうとう坐禅堂（本堂）を増築するようにまでもなったもんね。これはまったく思いもかけぬ有難いことで、だからもっと坐禅に精進しなければならないと思うんです。

それにしてもつくづく思うんだけど、何んといってもこの安泰寺の小っちゃな坐禅堂には坐禅がこもっている。何しろここは沢木老師からの続きで素晴らしくたくさんの人が坐禅している。老師は昭和二十四年にこの寺に入ったんだけど、それ以来いつでも誰かが坐禅しているんだ。こんなたった三間半（増築以前）のところに、どれだけの人間が来て坐禅したか、どれだけの時間坐禅したか。それは大変なことだと思う。おそらく他のどんな大きい僧堂よりも多くの人が、多くの時間、坐禅したと思う。この坐禅の時間数を畳数で割ってみると、それはもう素晴らしく坐禅の能率のあがった建物だ。それだから坐禅が沁みついている。そうするとこれは大事に護持しなきゃならない。最近は往来が近くなって車もたくさん通るようになり、環境としては決して坐禅にふさわしいところとはいえなくなったけど、ともかく安泰寺の小っちゃな坐禅堂には坐禅がこもっていて、この堂に入ると自然に坐禅したくなるから不思議だ。その点、坐禅は何も大きな立派な建築を建てなければならないというもんじゃない。実際にやることだけが大切なんだ。

それにしても私たちが生きてゆく上で、昔の人の話のなかから「あっ！　この手でゆけばいいんだ」という発見をしたときは大いなる喜びとなるわけです。そういう意味で私のこの安泰寺におけるもっとも力となってくれたのはこの楊岐方会禅師の話で、その点、この人は有難い人だと思っている。その点、実物見本一つ残すことがいかに後世の人の力となることか。――要するに実物だけをやることだ。

『夫《そ》れ高堂台池の構《かまえ》は、世間出世同じく誡《いまし》むる所なり』――大体あんまり立派な構えをすると税金がかかっていけない。それに維持費も大変だ。われわれが住うのには根本的には一畳か二畳あればいいんだ。『尸子《しし》に曰く、黄帝《こうてい》の行ひを観《み》んと欲せば合宮《ごうきゅう》に於てし、堯舜《ぎょうしゅん》の行ひを観んと欲せば総章に於てす。黄帝の明堂《めいどう》は草を以て之を蓋《おお》ふ、名《なづ》けて合宮と曰ふ。堯舜の明堂は草を以って之を蓋ふ、名けて総章と曰ふと』――明堂というのは政治をするところ、合宮とか総章とかいうのはその宮殿の名前、つまり黄帝とか堯舜とかいう中国の大昔の天子の宮殿は草で葺《ふ》いた屋根だった。そうするといまの安泰寺は中国の天子の宮殿よりも豪華だ。はばかりながら瓦葺きだからね。

『之《これ》を以て之を知る。古《いにしえ》聖賢の君は、宮垣室屋《きゅうえんしつおく》崇《たこ》うせず、茅茨《ぼうし》の蓋剪《がいき》らず』——草葺《くさぶき》の屋根を切りそろえてさえないという。『況《いわ》んや仏祖の児孫《じそん》、誰か豊屋《ほうおく》を事とし、朱楼玉殿を経営する者ならんや。一生の光陰幾《いく》ばくならず、虚しく度《わた》ること莫れ』——われわれが本当に自分の人生、自己の生命のネライがついたときには、とにかく今日一日無事に生きのびられただけは有難い、と思うようになるのが当然だ。どうせすべて授かりものだもの。結局、大切なのは俺が俺の落ち着き場所に落ち着いているかどうかということだけだ。私がいままで二十数年、この無一文の安泰寺で生活してこられたのも、そういう気持ちがあったからだ。

『予《われ》二十余年両朝を歴観するに、或は老年或は壮齢、寸陰を惜まず、土木を経営する者、多くは一世《いっせい》を唐労《とうろう》し周章《しゅうしょう》して度を失す』——両朝とは中国と日本。唐労というのは唐《む》しい努力、周章というのは「うろたえ騒ぐ」ということで、生涯かかって豊屋玉殿を建てて一生を空しく疲れすごして、死ぬ段になってあわてる。こんなことは大体「宗教に生きる人間」のやることじゃない。『哀《かな》しい哉《かな》、苦なる哉。白法《びゃくほう》は抛《なげう》つが如くにして黒業《こくごう》は未だ舍《す》てず』——この辺のところ、何も他を顧みていう必要はない。唯独自明了——ただ自分だけ顧みて自己の生命を真実に生きるだけが肝腎だ。『若《も》し残命《ざんみょう》の稍少《しょうしょう》たることを覚《さと》らば、豈《あに》樹功《じゅこう》の高大を貪る者ならんや』——「オレも死ぬんだ」という意識をもったら、そんなに念を入れて馬鹿なことをやれないもんだと。樹功というのは土木建築の功業を残すこと。『演祖の意唯《ただ》此に在り』——五祖山法演禅師がその師翁楊岐禅師の話をもちだされて教えられるのも、実にこのことだと。

全体の息吹を自己の息吹とする ——監院《かんにん》の無私曲為公

監院《かんにん》の一職《いっしょく》は院門の諸事を総領《そうりょう》す。官中《かんちゅう》の応副《おうふく》及び参辞、謝賀、僧集行香《そうしゅぎょうこう》、相看施主《しょうかんせしゅ》、吉凶慶弔、借貸、往還、院門の歳計《さいけ》、銭穀《せんこく》の有無、支収出入《ししゅうすいにゅう》の準備、逐年受用《ちくねんじゅゆう》する斎料の米麦《べいばく》等、時に及んで収買《しゅうばい》し、并《ならび》に醤醋《しょうさく》を造るが如きは、須《すべか》らく時節に依るべし。及び打油《たゆ》春磨《しょうま》等も亦当《またまさ》に心に経《お》くべし。衆僧の斎粥は常に勝心を運《めぐ》らし、四来《しらい》を管待《かんたい》して軽易《けいい》すべからず。冬斎《とうさい》、年斎、解夏《かいげ》斎、結夏《けつげ》斎、炙茄会《しゃかえ》、端午《たんご》、七夕《しちせき》、重九《ちょうく》、開炉《かいろ》、閉炉《へいろ》、臘八《ろうはつ》、二月半《にがつはん》の如き、是の如きの斎会《さいえ》に、若《も》し監院力有らば自ら営弁《えいべん》すべし。力及ばざる所の如きは即ち人に勾当《こうとう》を請《こ》へ。院門の小事《しょうじ》及び尋常《よのつね》の事例の如きは、即ち一面に処置せよ。事体《じたい》の大なる、及び体面の生刱《しょうそう》なるが如きは、即ち知事頭首《ちょうしゅ》同共《とも》に商量して、然《しか》して後に住持人に稟《もう》して之を行へ。

このところは禅苑清規《ぜんねんしんぎ》の文ですね。この監院というのは叢林の番頭役で、永平寺とか総持寺の監院といえば、これは大変な仕事ですよ。でもこれは何も本山の監院になって初めて必要な教えというのではないです。禅というと一般に、世の中の働きとはまったく無関係なように考え、禅僧といえば仕事なんてまったくしないで古則公案を考え、ただ坐禅していればそれでいいんだと考えている。それは一般の人だけでなく修行僧でさえもそう思いがちだけど、道元禅師の生き方というのはただ坐禅しているだけではことがすまない。日々の生活に当たって実際の仕事をいかに働くか、これが大切で、結局、坐禅の裏側にはわれわれの日々の生活があるということですね。これが宗教としての坐禅だ。叢林のなかに入り、あるいは山のなかに入って、ただ坐禅だけしていればいいというのなら、それは宗教ではなくて、単なる自己陶酔、隠遁逃避にすぎない。しかしながら、世間に働くことだけが大きな力だというのではもちろんない。そうなったらそれはまったく世間の仕事で、株式会社ナントカ寺社長、株式会社ナントカ寺専務取締役、そうなったらこれはもう修行者ではない。

仏道、坐禅と世間の生活とは、水車と流れの関係みたいなものだ。水車は適当に水に漬《つ》かっていればこそ廻ってゆくけど、水から離れてしまえば廻らない。あるいはまた、水のなかにずんぶり漬かり込んだらもう廻らない。即《つ》かず離れず、大切なのは世間のなかに修行するんだし、修行が世間に働かなきゃならない。その辺のところがネライですよ。ここに監院の話が出てくるけど、これは直ちにわれわれの行動の話なんだと知ってよまないとまったく意味がない。

『監院の一職《いっしょく》は院門の諸事を総領《そうりょう》す』――昔の叢林は大きかった。何千人という坊さんたちが修行しているお寺もあったわけだ。そこでお寺のなかでいろいろなことがある。まず食物をいつでも確保しなきゃならない。寺の経済の管理、寺のなかでもめごとが起きたとき、それをどう裁判するか、寺の体面として社交もある。政府との交渉ということもある。何しろ当時の寺は政府からカネをもらってやっているんだから……。こうした種々な仕事を総領する、これが監院だ。

『官中《かんちゅう》の応副《おうふく》及び参辞、謝賀』――応副とは命令の意味、つまり政府からの命令がくることもある。参辞とは上堂とか小参の言葉、謝賀とはいろいろなお祝いごとだとかお礼だとか。『僧集行香《そうしゅぎょうこう》、相看施主《しょうかんせしゅ》、吉凶慶弔、借貸、往還』――僧集とは坊さんたちが他所《よそ》からやって来る。行香とは朝課や晩課の行香、相看施主とは施主との面会。それから吉凶慶弔……、まあいろんなことがある。それから『院門の歳計《さいけ》』――一年の会計ですね。『銭穀《せんこく》の有無、支《し》収出入《しゅうすいにゅう》の準備、逐年受用《ちくねんじゅゆう》する斎料《さいりょう》の米麦《べいばく》等、時に及んで収買《しゅうばい》し、并《ならび》に醤醋《しょうさく》を造るが如きは』――お米があるかないか、ミソや醤油もつくらなきゃならないんだ。『須《すべか》らく時節に依るべし』――西洋人はギリシャの昔から大変計画性に富んだ人種だけれど、東洋人、ことにインド人はまったく計画性がない。何しろ年表をつくって歴史を書くことさえしない。大体、諸行は無常なんだから明日のことはどうなるか分からない。だから将来のことを考えておいてもしょうがない。そういうところがあるもんだから、仏法を無計画、無方向なように考える人が多い。確かに明日のことはどうなるか分かりはしない。諸行は無常なんだけど、しかし一応の方向だけは考えなければならない。先の先まで見通していなければならない。修行するといっても結局、自分一人が修行するんだ。皆んな一緒に修行するんでなければさびしいというのでは駄目だ。世間の人がするから「じゃあオレも」というのでは、大衆の一部分としてしか生きていないんで、本当に自己の生命を生きているんじゃない。修行ということは自分がたった独りの自分を生きることなんだ。しかしながら、それは俺一人が隠遁逃避することではない。全体への配慮をしながら生きる。それが本当にたった独り生きることなんだ。俺は俺だけを生きる。しかしながら全体への配慮を忘れていない。早い話、私はずっと安泰寺にいるけど、いつでもこの安泰寺のなかから全世界の運命というものを同時に見ているのだ。そうでなければ、安泰寺は単なる隠遁逃避の場所でしかない。

いま監院の場合でもそうだ。監院であっても修行者の一人としてはたった独りの自分を生きるんだけど、一山の監院としては全体を睨んでいなければいけない。こんな小っちゃな安泰寺でも、その点、容易でない。薪を用意するんでも、あらかじめどんな手順で薪をつくるかを考えておかなくちゃいけない。生木《なまき》を山から切ってきたってすぐに燃えやしない。少なくともひと月以上は置いておかなくちゃならない。薪もそうなら漬物もそうだ。畑と睨みあわせて、この次には何を食べる、この次には何をつくる。これを考えておかなきゃなんない。諸行無常だから漬物なんか漬けたって、果してこれを食べるまで生命があるかどうか、というんじゃ漬物はできない。監院の仕事としてはこういうことを全部掌握していなければならない。また時節というものも考えておかなくちゃならない。

『及び打油《たゆ》春《しょう》磨《ま》等《とう》も亦当《またまさ》に心に経《お》くべし』——いまの時代はスイッチ一つで電灯が点《つ》くけど、昔は照明一つでも菜種を植えることから考えなくてはならない。その点、昔の人はすべてにキチンと心掛けておかなければならなかったわけだ。いまの時代は便利になって、ものごとに心を掛けておくことが少なくなったけど、それだけにわれわれとしてはもっと複雑に全体のことを考えなければならない。生活が便利になって心掛けておくことが少なくなると、今度はまとまった災難が一遍に振りかかってくる。東京みたいな大都会にガタガタと地震がくるとか、飛行機が墜ちるとか、あるいは観光旅館で皆んな蒸し焼きになるとか、山道でバスが転落するとかいうように……。そこでまとまった将来のあり方を心掛けなきゃならない時代になっていると思う。ただ自分の生活が便利になればいいというもんじゃない。人類全体のゆく末を考えあうことが大切だと思う。

『衆僧《しゅそう》の斎粥《さいしゅく》は常に勝心を運《めぐ》らし』——これは典座教訓にも出ているけど、一山の修行者の食事をつくるにも、時々目先を変えてもらわなきゃ困る。勝心というのは喜心、老心、大心だ。人間は機械じゃないんだから、食欲、消化力というのが計算に入っていなきゃならない。死人に何カロリー注ぎ込んだって消化しない。生きていてそこに食欲、消化力があればこそ栄養も吸収するんだ。カロリーの計算だけでことがすむもんじゃない。大切なのは生命の計算をすることで、それは食欲も消化力も含めたものだ。料理をつくるにはそういうことを計算に入れてやらなければならない。

『四来《しらい》を管待《かんたい》して軽易《けいい》すべからず』——四方からやって来る人を管待して、軽んじてはならないということ。早い話が、安泰寺に来たってご馳走は出やしないですよ。だけど修行者を大事にし、修行者が納得していられる雰囲気をつくるべきだ。例えば昆布だとかひじきだとかいろいろなものを方々から送ってもらう。ところが、そういうものを戸棚にしまい忘れてカビが生えているのに、ふだんは皆んなまずいものを食っているというのなら、送ってくれた人にも申し訳ないし、大衆の皆んなも納得しない。いまある材料を最高に活かして精一杯の食事をつくる。それならばたとえ粗末な食物でも皆んなが納得する。食物は栄養の上に食欲、消化力の計算が必要だといったけど、さらにまた人情も噛みあっている。この人情の計算もまた生命の計算だ。生命の計算をしながら行動するのが監院や典座としてのつとめだ。だからわれわれ生きてゆく上は皆んながそうした監院の精神でもって、それをネライとして生きてゆくのが大切だ。

『冬斎《とうさい》、年斎、解夏斎《かいげ》、結夏斎《けつげ》』――冬斎というのは冬至のお斎《とき》、年斎はお正月のご馳走。解夏、結夏というのは七月十五日と四月の十五日。禅門のお寺ではこの四月十五日から七月十五日まで結制《けっせい》（夏安居《げあんご》）というのをやる。その始めと終わりのご馳走のこと。

『炙茄会《しゃかえ》』――というのは字からいえば茄子《なす》を炙《や》くのだから、そういう習慣が中国にあったのだろうか、これはよく分からない。『端午《たんご》』――五月五日。『七夕《しちせき》』――七月七日、たなばたさんだ。『重九《ちょうく》』――というのは九月九日重陽《ちょうよう》の節句（菊まつり）だ。これはいずれもお祝いの日ですね。

『開炉《かいろ》、閉炉《へいろ》』――叢林で寒くなってくると僧堂に炉を入れる。これが開炉。暖かくなって炉をしまうのが閉炉。『臘八《ろうはつ》』――は十二月八日、成道会《じょうどうえ》。『二月半《にがつはん》』――というのは二月十五日でお涅槃の日、これらの斎会《さいえ》のとき、『若《も》し監院力有らば自ら営弁《えいべん》すべし。力及ばざる所の如きは即ち人に勾当《こうとう》を請《こ》へ』――大きな叢林でもってそういう斎会をやるのは大変な仕事だから、このときに監院が何もかも一人でやらなきゃならないということはない。一人でやりかねるというところがあったら、他人《ひと》に頼んで協力してもらわなきゃいけないということですね。

『院門の小事《しょうじ》及び尋常《よのつね》の事例の如きは、即ち一面に処置せよ』――これは前とは反対で、何んでもかんでも他人をアテにしているのではいけない。できることはできるだけやんなきゃなんない。『事体《じたい》の大なる、及び体面の生殺《しょうそう》なるが如きは、即ち知事頭首同共《ちょうしゅとも》に商量して、然《しか》して後に住持人に稟《もう》して之を行へ』――生殺の「生」とは未熟、「殺」とは初めてのこと。つまり前例のない事件のときには皆んなと相談してやらなきゃいけないということね。仕事のよくできる人はともすると独断に走る。また独断もできないようでは仕事もできない。しかし仕事をバリバリするのは結構だけど、同時にまた独断はしないようにしなければいけない。独断ばかりでやっていると独裁者になる。仕事をバリバリするような人は他人から頼りにされていつの間にか人の上に立ってゆくわけだ。そうするとだんだん調子がついてきて何から何まで独裁でバリバリやる。全体の世論、気分というものを考えないで……。ところがそうして仕事をやって下から支えられているうちはいいけど、ある時点にくると人気よりも独裁による不人気の方が上まわって、まったく自分を支えている者がいなくなって、ガラッとひっくり返る。それこそみじめなことになってしまう。ヒットラーでも東條さんでもそうだった。ムッソリーニでもスカルノでもそうだった。ああいうことはあってはならない。やっぱりいつでも他人と謀《はか》りながら全体の世論を計算しながら……。だからいつでも全体の生命を見、全体の生命と息吹《いぶき》をともにしながら行動することが大切だ。いまこの監院について一番大切なことは、何よりも全体の生命を自分の生命とし、全体の息吹を自分の息吹として行動してゆくということですね。

住持人より已下《いか》、規矩《きく》に合《かな》はず、人情に順ぜざること有るが如きは、大小の諸事並びに宛順《えんじゅん》に開陳《かいちん》すべし。緘黙《かんもく》して言はざることを得ざれ。亦言語麁暴《ごんごそぼう》なることを得ざれ。童行《ずんなん》を訓誨《くんかい》するの法は宜《よろ》しく方便を以て預先《よせん》に処置すべし。妄《みだ》りに鞭捶《べんすい》を行ふことを得ざれ。設《も》し懲戒有らば、当《まさ》に庫堂《くどう》に於てし、衆に対して行遣《ぎょうけん》し、十数下《すうげ》に過ぎずして去るべし。不虞《ふぐ》の事、慎《つつし》まずんばあるべからず。行者《あんじゃ》を発遣《はっけん》し出院するが如きは、須らく十分に過《あやま》ち有って罪状に責伏《せきふく》せしめ、住持人に稟《もう》して之を遣《や》るべし。更に決することを須《もち》いずして之を遣るが如きは、官中の問難を防避すべからず。街坊化主《がいぼうけしゅ》、庄主《しょうしゅ》、炭頭《たんじゅう》、醤頭《しょうじゅう》、粥頭《しゅくじゅう》、街坊、般若頭《はんにゃじゅう》、華厳頭《けごんじゅう》、浴主《よくす》、水頭《すいじゅう》、園頭《えんじゅう》、磨頭《まじゅう》、灯頭《とうじゅう》の類を請するが如きは、応《まさ》に助益常住《じょやくじょうじゅう》に係《かか》るべし。頭首《ちょうしゅ》は須らく当《まさ》に時に及んで住持人に稟《もう》して之を請すべし、怠慢遅延すべからず。施主院に入らば、客位《かくい》を安排《あんばい》して如法に迎待せよ。大《だい》斎会《さいえ》を作すが如きは、預前《よぜん》に諸の知事頭首と商量して、臨時の闕事《けつじ》を致すことを免《まぬが》れよ。

『住持人より已下《いか》、規矩《きく》に合《かな》はず、人情に順ぜざること有るが如きは、大小の諸事並びに宛順《えんじゅん》に開陳《かいちん》すべし。緘黙《かんもく》して言はざることを得ざれ。亦言語麁暴《ごんごそぼう》なることを得ざれ』――住持人初めいろんな人たちが規矩に合わなかったり、人情にしたがわないということがあったら宛順に、婉曲《えんきょく》に、つまりおとなしくその辺のことをいえというのね。連絡を取らないで黙っていてもならない。さりとて荒っぽくやってもいけない。人間は言葉をもっている。人間生命には言葉という働きがある。言葉が生命だというんじゃないけど、しかしながら生命は言葉をもっているんだから言葉で連絡のつくところは連絡をつかせた方がいい。

言葉の少ないのは美徳であると同時に欠点にもなりやすい。連絡の取れる範囲は連絡を取った方がいい。それを行動でやったら怨みが深まるだけだ。それを言葉でおとなしくいったらそれでことがすむ。どうせ皆んなおんなじで、聖人なんていやしない。しかしそう極悪人もいやしない。皆んな話しあってやれば大体、通じるんだ。どうしても通じないんならそのとき「さよなら」と切ってしまえばいい。その点、できるだけの連絡はすべきだと思うね。『童行《ずんなん》を訓誨《くんかい》するの法は宜《よろ》しく方便を以て預先《よせん》に処置すべし。妄《みだ》りに鞭捶《べんすい》を行ふことを得ざれ』――若い人は思い切りやらなければ気がすまないところがあって困る。大体、若い人はまだモノサシが未熟なのに、その未熟なモノサシで測ってものをいう。それですべてを片付けようとすることが多い。人はまあ十六、七歳前後から世の中のことを判断しようという気になってくる。そして二十歳頃になると、もう世の中のことが何から何まで分かったという気になる。つまりまだ世の中に目を開くようになって二、三年ぐらいでしかないのにその未熟なモノサシで歳をとって経験を積んでいる人を馬鹿にして生意気をいう。その生意気を

「生意気」と知らせなければならないところはある。そのときにできるだけ説得して、言葉で分からせることが大切だ。『設《も》し懲戒有らば、当《まさ》に庫堂《くどう》に於てし、衆に対して行遣《ぎょうけん》し、十数下《すうげ》に過ぎずして去るべし』――どうしてもぶん殴らなければならないときもあるけど、まあ十数下ぶん殴ればこれは多すぎる。こんなにぶん殴らなくたっていいだろう。『不虞《ふぐ》の事《じ》、慎《つつし》まずんばあるべからず』――ヒステリーを起こしちゃ駄目だ。

『行者《あんじゃ》を発遣《はっけん》し出院するが如きは、須らく十分に過《あやま》ち有って罪状に責伏《せきふく》せしめ、住持人に稟《もう》して之を遣《や》るべし』――「この人はどうしても出さなきゃならない」ということがあるけど、そうしたときでもその人に十分あやまちを納得させた上で住持人の命を受けてやらなければならない。『更に決することを須《もち》いずして之を遣《や》るが如きは、官中の問難を防避《ぼうひ》すべからず』――昔の中国のお寺は政府からカネをもらっているから、ちょっと間違ったことをしたら政府からの問難がある。それを避けることができない。

『街坊化主《がいぼうけしゅ》』――これは勧募に歩く役割ですね。『庄主《しょうしゅ》』――というのは荘園の管理人。大体、叢林には五十三役があるというけど、何も五十三には限らない。一々の配役があるわけだ。『炭頭《たんじゅう》』――というのはきっと炭を扱う役なんだろうし、『醤頭《しょうじゅう》』――というのは醤油を扱うんだろうし、『粥頭《しゅくじゅう》』――というのはお粥を煮る人だろうし、『街坊』――というのは買いものに外へ出てゆく人。『般若頭《はんにゃじゅう》、華厳頭《けごんじゅう》』というのは経蔵《きょうぞう》を受けもつ人、いまの図書館の司書みたいなものかな。『浴主《よくす》』――というはお風呂の係。『水頭《すいじゅう》』――というのは水の係。『園頭《えんじゅう》』――というのは畑の係。『磨頭《まじゅう》』――これは前に出てきた。『灯頭《とうじゅう》』というのは夜の灯明を扱うんだろう。

『応《まさ》に助益常住《じょやくじょうじゅう》に係《かか》るべし。頭首《ちょうしゅ》は須らく当《まさ》に時に及んで住持人に稟《もう》して之を請《しょう》すべし。怠慢遅延すべからず』――人事ということは非常に重大なんだ。だから慎重にしなければならないけど、慎重でありながら怠慢遅延してはいけない。

『施主院に入らば、客位《かくい》を安排《あんばい》して如法に迎待せよ』――お寺に布施する人が来たらこれはお客さんだから如法に取扱わなきゃならない。

『大斎会《だいさいえ》を作《な》すが如きは、預前《よぜん》に諸《もろもろ》の知事頭首と商量して、臨時の闕事《けつじ》を致すことを免《まぬが》れよ』――大斎会のときは前もって皆んなと相談して、そのときになって間違いがないようにしろということね。

監院《かんにん》の体《たい》は当《まさ》に賢を尊び衆《しゅ》を容《い》るべし。上和《かみわ》し下睦《しもむつま》じく、同事の大衆を安存して、当に歓心を得せしむべし、権勢に倚恃《えじ》して、大衆《だいしゅ》を軽邈《きょうばく》することを得ざれ。亦意に任せて事を行ひ、衆をして不安ならしむることを得ざれ。疾病官客《しっぺいかんかく》に非ずんば、並に当《まさ》に赴堂《ふどう》すべし。貴ぶ所は二時行益《あんいつ》の行者斉整《あんじゃせいせい》ならんことを。庫司《くす》の財用闕乏《ざいゆうけつぼう》するが如きは、自ら当に力を竭《つく》して謀《はかりごと》を運《めぐ》らすべし。主人を干紊《かんびん》し及び大衆に挙似《こじ》すべからず。同事の人才有り徳有るが如きは、応《まさ》に推揚讃歎《すいようさんだん》すべし。職事《しょくじ》前《すす》まず及び梵行《ぼんぎょう》疑ふべき有るが如きは、当に屏処《びょうしょ》に密喩《みつゆ》し、激昂《げきこう》して自ら新ならしめ、法をして久住《くじゅう》せしむべし。大なる故作《こさ》の過《とが》有りて院門に害有るが如きは、亦宜《よろ》しく密《ひそか》に住持人に白《もう》して知らしむべし。自余の色容衆事《しきようしゅじ》は、坐《いな》がらにして視《み》ば成功せんのみ。

『監院の体《たい》は当《まさ》に賢を尊び衆《しゅ》を容《い》るべし』――いままでのところをまとめて、監院の根本精神は何か、それはこの容衆だということですね。あとの方にも道元禅師の言葉として『監院は衆を容《い》るるを務と為し、安衆《あんしゅ》是れ期《き》す』といっている。要するに修行者を大きく包容して、修行者が本当に安心して修行できる状態にするのが監院のつとめだということですね。われわれとしては出家の修行者が一番大切なんだ。これは当然のことながらいまの叢林では出家の修行者をあまり大切にしていない。それより在家の施主、観光客は何んといっても一番おカネを落としていくんで、どうしてもそっちの方を大切にしがちだ。しかしこれではならない。大切なのは坐禅する出家の修行者を育てることだ。何しろ坐禅はこれから地球上の人類を導いてゆかねばならないのだからね。この大きな仕事をする人、これは修行者以外にはないんだ。この一番大切な出家の修行者が安心して修行できる雰囲気をつくるのが叢林運営上もっとも大切なことだ。

もちろん出家の修行者が大切だからといって、在家の坐禅人を軽蔑するというのではない。大切なのは、在家の修行者を大事にする出家の修行者を育てることだ。人間にとって足は大切なもんだから大事にしなければならない。しかしながらいくら大切なもんだからといっても、足を頭の上にもってきてはどうにもならない。やはり目がものを見て、それにしたがって足が動いて初めて全体としてうまくゆくわけだ。修行道場として在家修行者より出家の修行者を大切にすべきだというのもこういう意味ですね。要するにこれからの時代は坐禅しようとする世界の人たち、在家の人たちを大事にせねばならぬからこそ、それらの人々を導くべき出家修行者が大切だということなんだ。

出家の修行者を一番大切にするということで思い出すのは、沢木老師が亡くなったとき、沢木老師の信者さんのなかに「いままでの安泰寺は沢木老師が保護してきたけど、今度はわれわれが代わって安泰寺を保護しなきゃならない。だからカネを集めて安泰寺の基本金にしよう」といいだした人がいた。そのとき私は「そんな余計なことはやめてくれ」とアタマから断わった。なぜならば沢木老師の信者たちが安泰寺維持のためのカネを寄附したならば、何かにつけてその人たちが安泰寺へやって来て、そのたびごとに酒を飲む。そうすると安泰寺で修行している人たちは、そういう連中に酒をついで廻らなきゃならない破目になる。そうなったら本当の修行者はここにはいなくなる。それで私はアタマから断わったわけだけど、これは成功だったと思っている。

いまのお寺さんたちは在家の人にカネを出してもらうので、ついついそういう人にアタマを下げっ放しになるけど、これはよくない。修行道場としては在家人に差出口《さしでぐち》をきかせるようであってはならない。しかしもともと修行者は生産者じゃないんだし、さりとていかに修行者といえど、まったくカネなしで通れるというのでもないので、この辺のところが難しい。少なくとも在家の人からおカネをもらっても在家人に差出口をきかせない、これが叢林を維持するのにもっとも大切なことで、監院としてはそうした力量をもっていなければならない。

ともかく修行する雰囲気は絶対に壊してはならない。

『上和《かみわ》し下睦《しもむつま》じく、同事の大衆を安存して、当に歓心を得せしむべし』――大体、叢林に入って修行するというのは、自分の気儘勝手をすることじゃない。これは当たり前で、むしろ他人《ひと》に気がねし遠慮して、自分の思いの通りにならないことも辛抱してやっていくことこそ修行なんですからね。だから修行者の側からは一所懸命辛抱し、気がねして他人を許す気分でお互いに寄り集まっていなければならない。しかしそれと同時に、監院としてはできるだけ修行者たちに辛抱や気がねをさせないように全体が喜びをもって修行できるようにネラわなけりゃならない。これはまた典座の場合でも同じで、これが叢林にある者のお互いの心操だ。

『権勢《けんせい》に倚侍《えじ》して、大衆《だいしゅ》を軽邈《きょうばく》することを得ざれ』——まあこの安泰寺のなかじゃ権勢というのも見当が外れているけど、本山の役寮さんや古参の雲水ならそれもあり得ることだ。例えば監院とか侍者とかいう配役は和尚（住持人）の側近にいるので、それを嵩《かさ》にきてスピッツみたいにギャンギャン吠える。これほどくだらないことはない。いや、世間の人のなかには課長、部長、重役というので、その肩書を嵩にきて社員を軽んずる奴がいる。そういう奴に限って停年が近くなると断頭台にでも立ったようにおののく。これでは哀れだ。大切なのは人間の実物で生きる、裸と裸で出逢うことだ。ともかくどんな人でも軽んずるようなことはしないように心掛けるべきだ。

『亦《また》意に任せて事を行ひ、衆をして不安ならしむることを得ざれ』——要するに気儘な行為をして大衆を不安にさせてはいけない。

『疾病官客《しっぺいかんかく》に非ずんば、並《まさ》に当に赴堂《ふどう》すべし。貴ぶ所は一時行益《あんいつ》の行者斉整《あんじゃせいせい》ならんことを』——病気やお客さんでない限りは、できるだけちゃんと僧堂に行って皆んなと一緒にお粥やご飯を食べろということね。何よりも和尚や役寮はなるべく大衆と行動をともにすることが大切だ。それはつまり修行者に対して、いいところも悪いところもみんな見せているわけだ。例えば和尚と修行者が同じものを食っているところに、初めて大衆の気分が分かるというところがある。

『庫司《くす》の財用闕乏《ざいゆうけつぼう》するが如きは、自ら当《まさ》に力を竭《つく》して謀《はかりごと》を運《めぐ》らすべし。主人を干紊《かんびん》し及び大衆に挙似《こじ》すべからず』――何か不足してきたとき、一々「あれが足りない、これが必要だ」といってたのでは皆んなが不安になってくるから、監院としてはできるだけ力を尽くしはかりごとをめぐらして、どうしてそれを手配するかを努力しろということですね。

『同事の人才《さい》有り徳有るが如きは、応《まさ》に推揚讃歎《すいようさんだん》すべし』――能力のある人はできるだけその能力を讃歎して、その能力を伸すようにすべきだというのね。これは一般の家庭でもそうだ。子どもに何かの能力があるのならば、それを讃歎してやればこそそっちの方へ伸びていくけど、欠点の方はあまりいわない方がいい。「坊や、数学が駄目ね」とやると「オレは数学は駄目なんだ」と暗示にかけられてしまう。

『職事《しょくじ》前《すす》まず及び梵行《ぼんぎょう》疑ふべき有るが如きは、当《まさ》に屏処《びょうしょ》に密喩《みつゆ》し、激昂《げきこう》して自ら新ならしめ、法をして久住《くじゅう》せしむべし』――もし叢林の規矩《きく》を乱すような者があったら、「屏処《びょうしょ》に密喩」――つまり皆んなの前でなく、密《ひそ》かに諭《さと》すわけだ。激昂というのは普通、のぼせあがることで悪い意味に使うけど、ここでは「そうだ、よしやるぞ」という新たな気持ちを起こさせることだ。どうせ若い人はいろいろな失敗もあり、迷いもあるだろうけれど、それはそれとしてさらに出直させることが大切なことだ。たった一人「よしやるぞ」という気を起こしたら、それで法が続くわけだ。

『大なる故作《こさ》の過《とが》有りて院門に害有るが如きは、亦宜《よろ》しく密《ひそか》に住持人に白《もう》して知らしむべし』――大きな間違いを犯したら住持人にいわなければならない。『自余の色容衆事《しきようしゅじ》は、坐《いな》がらにして視《み》ば成功せんのみ』――年寄役としては若い人たちのやっていることが一々気になって、ああだこうだと口出ししたくなるけど、それを一々いっていたら駄目だ。またいう必要もない。どうせ若い人たちはその失敗によってまた出直してゆくんだから、その余地を与えなくちゃいけない。つまり伸びようとする若い人たちの生命力を大切にすることが一番重点でなくてはならない。

ここまでが禅苑清規の言葉で、これからが道元禅師の言葉だ。


監院の職は為公《いこう》是れ務む。所謂《いわゆる》為公とは私曲《しきょく》無《な》きなり。無私曲《むしきょく》とは、稽古慕道《けいこぼどう》なり。慕道は以《もっ》て道に順《したが》ふなり。先づ清規《しんぎ》を看《み》て通局《つうきょく》を明《あきら》め、道を以て念と為して行事せよ。行事に臨む時、必ず諸《もろもろ》の知事と商議して、然《しか》して後に行事せよ。事《こと》大小となく人と商議して乃《すなわ》ち行事するは則ち為公なり。商議すと雖も佗語《たご》を容《い》れずんば、議せざるに如《し》かず。

監院は衆《しゅ》を容《い》るるを務と為し、安衆《あんしゅ》是れ期《き》す。然して衆の多きを未だ重しと為すべからず、衆の少きを未だ軽しと為すべからず。所以何《ゆえいか》んとなれば、調達《ちょうだつ》の五百の衆を誘ふも果して逆となる。外道《げどう》の巨多《こた》の衆を領ずるも尽《ことごと》く是れ邪なり。薬山《やくさん》は乃《すなわ》ち古仏なり、不満十衆の衆を衆とす。趙州《じょうしゅう》も亦古仏なり、不満二十衆の衆を衆とす。汾陽《ふんよう》は纔《わずか》に七八衆なるのみ。この頃嘗《こころ》みるに倶《とも》に是れ仏祖と大龍とは、衆に限り有るに非ず、只《た》だ有道を貴ぶべし、繁衆を務めとすべからず。而今而後《いまよりのち》、有道有徳は薬山の下《もと》なり、汾陽の後《のち》なり。薬山の家風を貴ぶべし、汾陽の勝躅《しょうちょく》を慕ふべし。須らく知るべし、縦《たと》ひ百千万衆なりとも、道心無く稽古《けいこ》無きが如きは、蝦蟇《がま》よりも劣れり、蚯蚓《みみず》よりも劣れり。縦ひ七八衆たりとも、道心有り稽古有るが如きは、龍象よりも勝れ、聖賢《しょうけん》よりも勝れたり。

『監院の職は為公《いこう》是れ務む。所謂《いわゆる》為公とは私曲《しきょく》無《な》きなり』——この「無私曲為公《むしきょくいこう》」というのが監院の根本精神だ。沢木老師はいつもこの「無私曲為公」が知事清規全体の根本精神だということを殊に強調されていたので、これは私にとって特に印象深い。

この無私曲為公のもっとも具体的な、そして一番いい例は明治維新のときの、例の西郷隆盛と勝海舟の品川での会談だと思う。西郷隆盛は官軍の総帥《そうすい》として大軍をひきいて江戸に攻めのぼり、明日はいよいよ江戸総攻撃というところ——一方、幕府方の総帥たる勝海舟は何んとか江戸を戦乱の巷《ちまた》とせずにすませたいというので、品川へ出向いていって西郷と会談折衝することにした。ところが勝海舟は品川で西郷隆盛を一目見て、この人なら別に細かに条約を結ばなくてもいい、すべてをまかせていいと判断した。それで無条件に「あなたにすべておまかせします」という。ところが西郷の方も勝海舟を見て、この人ならすべてをまかせることができる人だと思う。それで「私は江戸のことをよく知らない。あなたは江戸のことをよく知っている。だからすべてをあなたにおまかせする」という。このお互いに「おまかせします」といい合ったところで、ついに江戸は戦乱の巷にならずにすんだんだ。これはいわゆる講和会議なんていうもんじゃない。これをよく「腹芸」というけど、つまり言外の言、理外の理が通じ合うことですね。

ところでこのハラの構造は何かいうと、これこそ無私曲為公ということでなけりゃならない。この場合、西郷も勝も、もはやそれぞれ単に官軍方、幕府方の大将なんじゃない。ただ無私曲為公。――もはや官軍方と、幕府方とかいうシキリの取れた日本人全体のため、日本の平和のため、日本の将来のためという無私曲為公の一事を睨んでいる人であることをお互いに見抜き合ったからじゃないか。だから本当のハラの構造、これが無私曲為公なんだ。その辺が西郷さんも勝さんも本当に坐禅した人であったればこそ、この真の大乗仏教的無私曲為公を根本として少しもゆるがず行動できる人だった。

ところが、いまどきのその辺の政治家がよく腹芸なんていうけど、そんなのは「腹黒い」ハラであって本当のハラなんじゃない。悪いことをするのに心臓が強いのをハラと呼ぶんなら、そんなハラはない方がいい。悪いことをするのには心臓が弱い方が大切だ。本当のハラがそんな有私曲《う》不為《ふ》公のところにあっちゃたまらない。今度の戦争をやらかして日本が敗けたのはこんな有私曲不為公の奴らばかりだったからじゃないだろうか。その点、西郷さんも勝さんも日本という舞台上の人だったがとにかく偉かった。しかしこれからの時代は、舞台は単に日本だけではなくて世界でなくちゃならない。地球上の一切の人類ため、一切衆生のためという一事だけを睨んだ無私曲為公の人のみが、これからの世界を引っぱってゆくのでなけりゃならないんだ。禅の根本精神が二十一世紀以後を引っぱってゆかなけりゃならない、という私の信念はここにあるわけですよ。

まあこれからの時代の舞台のネライはそこになけりゃならないが、さし当たりまずわれわれの叢林での修行の根本精神は叢林全体だ。つまり叢林のなかにあって、何よりいつも叢林全体のために働くということだ。これが監院ばかりでなく、叢林で修行する人たちの根本精神でなけりゃならない。『無私曲とは、稽古慕道《けいこぼどう》なり』――稽古慕道が無私曲だという。稽古とは「古《いにしえ》を考える」で、永遠から照らされ、考えるということだ。古《いにしえ》というとすぐ俺よりも道元禅師、道元禅師よりも達磨さん、達磨さんよりもお釈迦さん、お釈迦さんよりも類人猿、類人猿よりも猿、猿よりも爬虫類、爬虫類よりアメーバ、そんなふうに考えてくる。そんなことじゃない。仏道修行者のいつも一番心に掛けている古《いにしえ》、それは永遠から照らされ考えることでなければならない。「慕道」とは生命の実物を慕うこと。

これが修行の目標なんだから、これを忘れて稽古慕道といいだすと妙なことになる。鐘の叩き方、磬子《けいす》のつけ方だとかを稽古する。左足が先で右足が後だとか、どこでもって合掌するとか、それを「威儀即仏法《いいぎそくぶっぽう》、作法是れ宗旨《さほうこしゅうし》」というんだと考えている人がいるけど、そんなことならお行儀の先生になったらいいいんだ。「威儀即仏法、作法是れ宗旨」というのは、自分の一生のネライ、生き方が古《いにしえ》＝永遠から照らされて誤りのない本当の真実を生きるということだ。それはお行儀がいいのは結構なことで、何も行儀を悪くしろというのではないけど、いいたいのは、お行儀でことがすまないということだ。本筋を忘れて亜流ばかり追ってはいけない。この本筋、つまり永遠から照らされている人生態度が、そのうちに、だんだん目が細かくなってきて、立ち居振る舞いまでも自然に落ち着いてくる。それがもっともいいに決まっているけど、作法ばかりをいっていると、本筋を見失い、生活全体が身につかないのに、ちょっと覚えたことばかりを気にしているような人間になる。それではまったく、形式的となってしまう。坊さんとしての技術の得意な人がいったん名利《みょうり》をもちだされると簡単にコロッとまいってしまって、人生にとって一番大切なことを見失ってしまうことがよくある。それこそ本当にハラが坐っていないというもんだ。

『慕道《ぼどう》は以《もっ》て道に順《したが》ふなり』――道に順って歩む、これは大切で、われわれ真っ直ぐにゆくといっても、早い話この安泰寺から京都駅まで行くのに、地図の上で、安泰寺と京都駅を一直線に結んで、その線上を人の家の屋根をわたり、塀を乗り越えてゆくことではない。真っ直ぐにゆくとは、道に順って行く、曲るところは曲り、自動車が来たならばよけて行く、これが真っ直ぐに行くことだ。だから叢林に入れば、叢林のあり方が道で、それに順う。「オレは、坐禅するために坊主になったんだから坐禅以外には何もしない」なんていう人も時々いるけれど、こんなのは、本当の道心者ではない。安泰寺に来てここの生活をする限り、安泰寺のあり方に順って修行する。『先づ清規《しんぎ》を看《み》て通局《つうきょく》を明《あきら》め、道を以て念と為して行事せよ』――要するに、いまの清規＝禅苑清規、それからこの永平清規、こういうのをよくよんで、全体の精神、修行のネライを明らめなくてはいけない。その清規に書いてあること、道元禅師の勧める坐禅で生活することとは全体の生命を活かすことだ。無私曲為公だ。これをよく飲みこんで、「高処高平、低処低平」――この屈曲をもよく明らめて行動しなくてはならない。

『行事に臨《のぞ》むの時、必ず諸《もろもろ》の知事と商議して、然《しか》して後に行事せよ』――どんな場合でも皆んなの意見を陳《の》べ合い、全体の世論《よろん》にしたがって行動するのが何んといっても、一番強いですよ。これは叢林に限ったことではない。一般の社会でも同じことだ。社会の変革というのは、列車みたいなもので、急カーブを切って急に曲ろうとすれば、脱線する。そうではなしに、列車をつなげたまま曲るには、大廻りに廻るよりほかはない。こないだうち、大学の変革をするんだと学生がワーワー騒いでいたけど、あれで何になったか、何んにもなりゃしない、ただ壊しただけだ。変革なんて一つもしていないないじゃないか。ああいうアブクみたいなことを、いくらやっていても本当につまらない。結局話し合い、皆んなの意見を通じ合い、どうしても通じないところは、妥協し合って大廻りにでもだんだんと廻って行かなくちゃならない。

『事《こと》大小となく人と商議して乃《すなわ》ち行事するは則ち為公《いこう》なり。商議すと雖も佗語《たご》を容《い》れずんば、議せざるに如《し》かず』――相談して反対の意見が出たらば、またそれをよく考えて、それに一理あると思ったら、それにしたがうべきだ。

『監院は衆《しゅ》を容《い》るるを務と為し、安衆《あんしゅ》是れ期《き》す』――結局、衆を容れる、衆を安んずるということが一番大切だということだけど、『然《しか》して衆の多きを未だ重しと為すべからず、衆の少きを未だ軽しと為すべからず。所以何《ゆえいか》んとなれば、調達《ちょうだつ》の五百の衆を誘ふも果して逆となる』――人数が多ければいいと思うのが普通の考えだけど、決してそうではない。少ないからといって劣っているんじゃない。調達とは、提婆達多《だいばだった》のこと。提婆は、お釈迦さんの弟子のなかから五百人を仲間割れさして引き出した。そしてとうとうお釈迦さんにそむいたけど結局は駄目だった。

『外道《げどう》の巨多《こた》の衆を領ずるも尽《ことごと》く是れ邪なり』――早い話、もの凄い人数を集めている新興宗教みたいなのがあるけど、それぐるみ邪だ。沢木老師は、「石炭ガラはいくら集めても石炭ガラだ」といった。人数が多くてそれで何をやっているかが問題だ。『薬山《やくさん》は乃《すなわ》ち古仏なり、不満十衆の衆を衆とす』――この薬山の時代（唐の半ば過ぎ）は何千人という雲水が集まる叢林があった。そのなかで薬山の下には十人とはいないという。『趙州《じょうしゅう》も亦《また》古仏なり、不満二十衆の衆を衆とす』――これは前に出てきた趙州従諗《じょうしゅうじゅうしん》。『汾陽《ふんよう》は纔《わずか》に七八衆なるのみ』――この人は慈明楚円の師匠の汾陽善昭のことですね。この人は非常に貧しい生活をしながらやった人で、七、八衆のみという。

『この頃嘗《こころ》みるに倶《とも》に是れ仏祖と大龍とは、衆に限り有るに非ず』――昔から、「四人または、三人を僧体とする」という。つまりこれは、和合衆で叢林のことだ。僧とはもと僧伽《そうぎゃ》で衆和合と訳すんだ。『只だ有道《ゆうどう》を貴ぶべし。繁衆を務めとすべからず』――たくさんの人を集めればいいというのではない。『いまより後《のち》、有道有徳は薬山の下《もと》なり、汾陽の後《のち》なり。薬山の家風を貴ぶべし、汾陽の勝躅《しょうちょく》を慕ふべし。須らく知るべし、縦《たと》ひ百千万衆なりとも、道心無く稽古《けいこ》無きが如きは、蝦蟆《がま》よりも劣れり、蚯蚓《みみず》よりも劣れり』――永遠から照らされ真実に生きる、稽古慕道の人生態度で生きるのではなければ、百千万人集まったところでそれは田んぼで蛙がギャーギャーいっているようなもので、ミミズが、かたまってうごめいているよりも劣っているということですね。『道心あり稽古有るが如きは、龍象よりも勝れ、聖賢《しょうけん》よりも勝れたり』――結局、人数の問題ではないということだ。

所謂《いわゆる》道心とは、仏祖の大道を抛撒《ほうさん》せず、深く仏祖の大道を護惜《ごしゃく》するなり。所以《ゆえ》に名《みょう》利《り》抛《なげう》ち来り、家郷《かきょう》辞し去り、黄金を糞土に比し、声誉を涕唾《ていだ》に比し、真を瞞《あざむ》かず偽《ぎ》に順《したが》はず、規縄《きじょう》の曲直を護《ご》し、法度《はっと》の進退に任す。遂に仏祖家常の茶飯《さはん》を以て賤価《せんか》に売《まい》弄《ろう》せざるは、乃《すなわ》ち道心なり。又、入息不待出息《にゅっそくふたいしゅっそく》の観（入息は出息を待たざるの観）を観ずるも亦《また》道心なり、精進なり。稽古とは、祖宗の眼《まなこ》をして専専然《せんせんぜん》として観《み》せしめ、古今の耳《みみ》をして顒顒然《ぎょうぎょうぜん》として聴かしむ。乃至一切の虚空を剜窟《わんくつ》して以て身を容れ、天下の髑髏《どくろ》を穿過《せんか》して以て打坐《たざ》す。拳頭《けんとう》を舒曠《じょこう》して、自ら鼻孔《びくう》に処す。是を以て霽天《せいてん》を般《はこ》んで白雲を染め、秋水を運《めぐ》らして明月を濯《あら》ふ、稽古と為《な》すに足《た》れり。是《かく》の如きの衆に逢はば、七八衆なりとも大叢林《だいそうりん》とすべし。所以《ゆえ》に十方の諸仏を見たてまつるべくんば、釈迦一仏を見たてまつるべし。是の如くならざる衆は、百万衆なりとも実に叢林に非ざるなり、仏道の衆に非ざるなり。

『所謂《いわゆる》道心とは』――道心という言葉は、よく使われる。「あの人は、道心家だ」なんていうけど、この道心が問題だ。一般に求道心《ぐどうしん》といわれるけど、少なくとも仏法では、「道を求める」限り道心と呼ばないということを知らなければならない。どこの叢林にでも「あの人は道心家だ」といわれ、坐禅もよくし、仕事もせっせとやっている人がいるけど、果してそういう人が、必ず道心家であるかどうか、これはよーく見直さなければならない。早い話が僧堂生活しているあいだは、いかにも道を求めて精進している。ところが、自分のお寺へ帰るともう精進とはまったく関係のない生活にすぐひっくり返ってしまう。そんな人がいくらでもあるわけだ。それはなぜかといえば、道を求める限りはアテが向こう側にあり、アテのあるうちはしっかりやっているけど、そのアテがなくなるともうやめる。こんなのは、真の道心ではない。仕事の場合でも、競争相手があるときだけは、あいつに負けないようにと一所懸命やるけど、いったん相手がいなくなるともうやめる。こういうのは、すべて道心とは関係がない。それは、修羅道なんだ。

　道心とは、道という「アテ」を求める心ではない。むしろ「道に在る心」でなければならない。「人、はじめて法をもとむるとき、はるかに法の辺際を離却せり」（正法眼蔵現成公案）とあるが、道を求めたらもう遥かに法の辺際を離却している。そうではない。「自己本《もと》道中に在って迷惑せず、妄想《もうぞう》せず、顛倒《てんどう》せず……」（学道用心集—原漢文）でなければならない。「道中に在る心」が大切なんだ。もちろん仏道を修行しようというのは、仏道を求めるというところから始まるんだけど、要は、それで終わったんではいけないということです。仏道というものを知ったとき仏道に在ることを知らなければならない。法華経（方便品）にも、お釈迦さまが「諸法実相」という話を始めたら、説法を聴いていた者のうち五千人の人たちが「お釈迦さんは気が狂ったんじゃないだろうか」といって皆んな立って行っちゃったという。諸法実相とは、みんなが道に在るということで、これは私がいつもいう「一切とぶっ続きの生命を生きている」ということだ。だからこれから改めて求めるものじゃないんだ。ところが小乗の人たちは、求めるんでなければはりあいがない。それでハラを立てて出て行っちゃった。坐禅修行する限り、俺をだんだん叩き上げていって仏道というものを得るものだと考えがちだけどそうじゃない。「諸法実相」でわれわれはズンブリ仏道のなかに漬《つか》っている。それなのに五千人の人たちが「そんな馬鹿な！」と出て行ってしまった。そこでお釈迦さんが「退亦佳矣《たいやくけい》」――「それが分からなければ、もうやめた方がいい」といった。これが法華経の話ですね。

大体はりあいがあるのは、凡夫にはりあいがあるんだ。ところが仏道修行はそういう凡夫のはりあいの話ではなくて、まず第一番にわれわれが仏祖の大道のなかにズンブリ漬っていることを信じ、そこから出発するんだ。そして「尽《じん》大地とおなじくおこなひ、尽衆生ともにおこなふ」（正法眼蔵唯仏与仏《ゆいぶつよぶつ》）わけで、あなたを活かす力は私にも働いて私を活かしている。

この生命の力はわれわれわれの思い以上のところで働いて私を活かしている。この生命の力はわれわれの思い以上のところで働いている。この思い以上の生命によってあらゆるものが存在している。何も人間や動物に限らず、自動車が走るのも、それはもはや思い以上だ。いや自動車は人間がつくったんで人工物だというが、自動車を動かすガソリンが爆発するのは別に人間の思いでやってできることではないもの。人間はただ機械として組み立てただけなんだ。しかもこの組み立てる力が人間のアタマに浮かぶことは、これまた人間の思い以上の力なんだ。この思い以上のところでぶっ続いているたった一つの生命を生きている、これが道に在る心＝道心というものですよ。

『所謂《いわゆる》道心とは、仏祖の大道を抛撒《ほうさん》せず、深く仏祖の大道を護惜《ごしゃく》するなり』――俺が尽十方界、尽一切とぶっ続きの自己を生きている、この自己を散らばさないこと。いま自己とはこの小っちゃな俺のアタマで考えた自分ではなくして、一切とぶっ続きの、仏さんとぶっ続きの自己なんだと決めてから「それにしてはオレはお粗末だなあ」とマイナスを意識する。そこで何んとかその仏さんを散らばさないようにし、仏さんの生命を護り惜しむということ、これをまた修証一如《しゅしょういちにょ》ともいい、証上《しょうじょう》の修《しゅ》ともいう。

　この法を護り惜しむことについて、沢木老師は面白い話をされた。それはある寺の門前に酒屋の婆さんがいた。その婆さんは、いつも酒に水を入れて売っていた。かねがね水っぽい酒を飲まされて面白くなかった寺の和尚は、あるとき、「酒に水を入れて売りつけるような者は、真っ逆様に地獄に落ちるぞよ」という説教をした。それを酒屋の婆さん、はなも涙も流して申し訳なさそうに聴いていた。それでこの晩、寺の和尚は、どうだ、今晩こそ水っぽくない酒が飲めるぞと飲んでみたら、どうもやっぱりおかしい。いつもと同じく水っぽい酒だ。それで翌日、酒屋の婆さんを呼んで確かめてみたら、婆さん「昨日の説教では大変悪いことをしてきました。これからはもう絶対に酒に水を入れません。水に酒を入れることにしました」、そう答えたという。こういう話を沢木老師がある日の提唱でされたので、あとで老師に「今日酒を水でうすめる婆さんの話は面白かったですね」といったら、老師はなおつけくわえて話して下さった。「酒に水を混ぜるというのにはまだ『悪いことをしている』という懺悔があるけど、水に酒を混ぜるのには、『酒を入れてやった』という傲慢がある。だから酒に水を入れる罪より、水に酒を入れる罪の方がもっと深いんだ」と、そういう話でした。

いま宗門のお寺でいろんな会や催しをやっているけど、そこでする和尚の話が、世間話のところへちょっとだけ仏法を混ぜて「仏法の話をしてやった」というのは、水に酒を混ぜるようなもので、これはもはや傲慢であってとっくに宗教からは外れてしまっている。われわれ、純粋に仏法にだけ生きようとしているなかにでさえ、どうしても世間話が混じる。これは申し訳ない。この懺悔の気持ちこそが、宗教なんだ。大体われわれは俺の思い以上の坐禅において一切とぶっ続きの生命を生きている。これこそが生命の実物で、そこから出発して「あなたが私」「私があなた」という、そうした日常の行動もしたいところだ。ところがふだんのわれわれは、どうしても俺というのを小っちゃく囲っちゃって、そうした行動しかしていない。だからそれだけは、「申し訳ない」という懺悔をいつでももちながら、行動せざるを得ないのだ。ここに仏祖の大道というのをよーく納得しなければならない。

大乗起信論義記に「衆生の真心還《かえっ》て自ら衆生を教化《きょうけ》す。この真心は、これ仏の悲願なり」と出てくるけど、仏の悲願とか、仏の誓願というのは、「もともと仏が他人でない」ところから始まっているんだ。われわれ人間は、ほっておけば欲だけで生きていて、仏道なんてことを思い出しっこはないんだ。ところが何んとなく我欲だけで生きているのがさびしくなり、無常を観じて「こんな生き方じゃいけない、何んとかしよう」という気持ちにさそわれるのは、大体衆生に仏さんとぶっ続きの生命（仏性）があるからだ。「小っちゃなオレだけの個体生命のことを考えていたんじゃいけないんだな」と思いつくのは、ぶっ続きの生命を生きているからだ。そこで、娑婆の欲だけに生きる生き方に「はてな?」と思う。つまり衆生（自分）の真心が、かえって衆生（自分）を教化するんだ。本来ぶっ続いているからこそ、そのぶっ続きの生命に引っぱられる。このことを「仏の悲願」ともいうと義記に出ているのだ。本来われわれは仏性のなかにある。それ故にこの仏性に引っぱられる、この引っぱられた行動が道心だ。

『所以《ゆえ》に名利《みょうり》抛《なげう》ち来り、家郷《かきょう》辞《じ》し去り』——個体的なこの自分が俺と決まっているなら何も名利をなげ捨てる必要はない。そうではない。第一そんなことを思いつきもしない。ところが、そうではない。本来仏性のなかにあるから名利をもなげ捨てきたるんだし、家郷も辞し去るんだし、『黄金を糞土に比し、声誉を涕唾《ていだ》に比し』——要するに、カネというのは、生命の実物ではない。それどころかこの生命の実物を眩《くらま》すのがカネだ。カネはもともと約束ごとのなかで初めて価値をもつのだから、ちょいちょい相場が狂う。「声誉」——つまり世間の評判がいいというのは宙に浮いたもので、これも実物を眩すものだ。

『真を瞞《あざむ》かず偽《ぎ》に順《したが》はず、規縄《きじょう》の曲直を護《ご》し、法度《はっと》の進退に任す』——結局、実物としての規縄、実物としての法度にしたがうんで、実物から宙に浮いたものにはしたがわない。『遂に仏祖家常の茶飯《さはん》を以て賎価《せんか》に売弄《まいろう》せざるは、乃《すなわ》ち道心なり』——「尽十方界沙門の家常語」という言葉もあるように、われわれは一切とぶっ続きの生命を日常の生活としている。これが仏祖の家常の茶飯ですよ。それを賎価——世間的なカネに換えない。仏さんを売り物にしないことが大切だ。仏を観光の一つとしてカネを集めるのは、これは賎価に売弄したとんでもないことだ。もっと仏さんを大切にしなくてはいけない。

『入息《にゅっそく》は出息《しゅっそく》を待たざるの観《かん》を観ずるも亦《また》道心なり』――普通では俺のこの小っちゃなアタマで考えたことが「真実だ」と思っているけど、「そんな自分の思いというのはつまらないものなんだな」と知ること、これが入る息は出る息を待っていないということですよ。これは、前のぶっ続きの生命を裏側から「オレのアタマはくだらないものだ」ということをいっているわけだ。

『稽古とは、祖宗の眼《まなこ》をして専専然《せんせんぜん》として観《み》せしめ、古今の耳《みみ》をして顒顒然《ぎょうぎょうぜん》』――とは「穏やかな姿」で、要するに永遠の真実をよそ見なしに穏やかに受け入れること。

『乃至一切の虚空を剜窟《わんくつ》して以て身を容れ、天下の髑髏《どくろ》を穿過《せんか》して以て打坐《たざ》す』――これが面白い。虚空をえぐって身を入れ、血の気のないガイコツをうがって坐禅する。つまりこれは非思量ということで、「オレは修行しているぞ」という気負いがない。『拳頭《けんとう》を舒曠《じょこう》して、自ら鼻孔《びくう》に処す』――こぶしを広げて手放しにして、自己にもってくる。だから小っちゃな自分を手放しにして尽十方とぶっ続きの生命にもってくる。『是を以て霽天《せいてん》を般《はこ》んで白雲を染《そ》め』――青空で白雲を染めるというけど、大自然の移り変わりのなかに働く。無作の妙用ともいう。『秋水を運《めぐ》らして明月を濯《あら》ふ』――秋の水でお月さんを洗う。これは浄らかな生活。つまり『稽古と為《な》すに足《た》れり』――道元禅師の言葉は象徴的に使うんで難しい。つまりいつでも宇宙一杯を行動することね。『是の如《かく》きの衆に逢はば、七八衆なりとも大叢林《だいそうりん》とすべし』

――要するに小っちゃな自分を主にしないで行動する、そういう人たちが七、八人集まったら、これはもう大叢林だということですね。

『所以《ゆえ》に十方の諸仏を見たてまつるべくんば、釈迦一仏を見たてまつるべし』――お釈迦さんの悟りは「吾と大地有情《だいちうじょう》と同時成道、山川草木悉皆成仏《さんせんそうもくしっかいじょうぶつ》」ということで、前にいった「ぶっ続きの生命」を悟ることで、法華経にも「唯我知是相《ゆいがちぜそう》、十方仏亦然《じっぽうぶつやくねん》」（方便品）と出てくる。だからお釈迦さんの悟りはその辺の人がいう悟りといかに違うか知らなければならない。その辺の悟りは「オレ」が悟る、「オレ」がよくなるんだから、それは俺の話でしかない。「釈迦一仏」というといかにもお釈迦さん以外の人がいるように聞こえるけど、お釈迦さん以外の人はいやしない。大体、阿弥陀さん、大日《だいにち》さん、過去七仏、あらゆる仏さんは、皆んなお釈迦さんとぶっ続きなんだ。『是の如くならざる衆は、百万衆なりとも実に叢林に非ざるなり、仏道の衆に非ざるなり』――ぶっ続きの生命だけが大切なんで、この生命を生きていないのなら、百万人集まってみたって、それは叢林とは呼べないんですね。

【付録】

【登場人物の紹介】

潙山霊祐《いさんれいゆう》（唐　七七一～八五三）
俗姓は趙氏、福州（福建省）長渓の人。百丈懐海の法嗣、伝は本文にくわしい。唐宣宗の大中七年寂、法臘六十四歳。勅諡して大円禅師、清浄の塔という。

黄檗希運《おうばくきうん》（唐　八五六没）
福州閩県の出身で、幼少よりすぐれていたが、福州の黄檗山で出家し、のち天台山に遊び、遠く長安にいき、さらに帰って洪州（江西省）百丈山懐海禅師によって心趣を開了した。大安寺に住して多くの弟子を集めていたが、裴相国休が鍾陵（江西省）に大禅苑をつくって黄檗希運を請して住せしめた。この禅苑の山号を師の故山黄檗にちなんで黄檗山広唐寺と呼んだ。会昌の破仏（唐武宗会昌四年～五年）の前後、龍興、開元の両寺に居た。黄檗の身の丈七尺といわれまた、額間隆起して肉珠の如く、音辞朗潤、志意沖澹、倜儻不羈にして人軽々しく測るなしともいわれ、巍々堂々とした大器であったため宣宗は粗行禅師と勅号し、後に裴休が奏して断際禅師と改めた。弟子に臨済義玄らがいる。

黄龍慧南《おうりょうえなん》（宋　一〇〇二～一〇六九）
俗姓は章氏、信州玉山県（江西省広信府）の人。早くより童行《ずんなん》となって仏行を学び、十九歳のとき出家受具し、盧山帰宗寺の自宝に参じた。諸方に遠行し、棲賢寺の澄諟に謁し、滞在三年、さらに三角山（湖北省）の懐澄、衡山の慈明楚円に参じ嗣法。のち洪州黄龍山崇恩寺に住して後学を度した。勅諡して普覚禅師という。

晦堂祖心《かいどうそしん》（宋　一〇二五～一一〇〇）
俗姓は鄔《う》氏、南雄始興（広東省）の人。十歳、龍山寺沙門恵全について剃髪受具した。得度のはじめ雲峰文悦に参じ、留まること三年であったが因縁機語がならずして黄龍山に慧南禅師を尋ね、その法を嗣ぐ。黄龍慧南順世ののち黄龍山の法席を嗣ぎ、住すること十二年。勅謚して宝覚禅師、雙塔という。

夾山善会《かっさんぜんね》（唐　八〇五～八八一）

俗姓は廖氏、漢広（河南省）峴亭の人。九歳のとき潭州（湖南省）龍牙山に出家、江陵に往って広く三蔵を修めたので若くして潤州（江蘇省）京口に化門を敷いたが、ある夕方道吾が散歩がてら師の上堂の席にやってきた。師の法話を聞いた道吾笑って曰く「和尚一等出世すれども未だ師有らず、浙中（江蘇省）華亭県に往いて船子和尚に参ずべし」と。そこで華亭県呉江にいき相契し、のち世を遁れわずらいごとをやめようとしたが咸通十一年（八七〇）澧州（湖南省）の夾山に演法した。勅して伝明大師、永済の塔という。

華亭徳誠《かていとくじょう》（唐　七九〇頃～八四五頃）

薬山惟儼より得法の後、華亭の呉江に小舟をうかべていたので時の人が船子和尚と呼んだ。師はかって同参の道吾に「他後霊利の座主あらば、一箇を指し来れ」といっておいたので道吾は夾山善会を紹介した。船子は夾山に附法したその場で、舟をひっくり返し水に沈んでいったという。

灌渓志閑《かんけいしかん》（唐　八九五没）

俗姓は史氏、魏府（河北省）館陶の人。幼に柏巌に従って出家、のち臨済義玄の法を嗣ぐ。末山了然尼のもとで三年園頭をつとめ、長沙（湖南省）灌渓に住して演法した。

仰山慧寂《きょうざんえじゃく》（唐　八〇七～八八三）

俗姓は葉氏、韶州（広東省）懐化の人。十七歳のとき南華寺通禅師について出家し、初め耽源《たんげん》に謁し、のち潙山霊祐に参じて得法し、乾符六年（八七九）袁州（江西省虚陵道宣春県）仰山に棲隠寺を開創し演法した。勅謚して智通大師、妙光の塔という。

五祖法演《ごそほうえん》（宋　一一〇四没）

俗姓は鄧氏、綿州（四川省）の人。三十五歳で出家受具し、成都（四川省）に往き唯識を学び、のち円照宗本、浮山法遠に参じ、ついに白雲守端の法を嗣ぐ。安慶（安徽省）四面山、ついで太平寺、舒州（安徽省）白雲山海会禅院、蘄州《きしゅう》（湖北省）五祖山に歴住し、大いに楊岐下の宗風を挙揚した。圜悟克勤等、多くの龍象を打ち出した。

趙州従諗《じょうしゅうじゅうしん》（唐　七七八〜八九七）
姓は郝氏、曹州（山東省）郝郷の人。幼少にして曹州の扈通院《こつういん》に出家し、未だ戒を受けないでいる頃池陽（安徽省）にいき、南泉普願に謁して得法した。居ること四十年、更に諸方を行脚し、八十歳のとき、趙州（河北省）観音院に住し枯淡の風儀を挙げた。のち趙、燕二王の帰依を受けて真際院に住した。趙王私に諡号して真際大師、光祖の塔という。

石霜慶諸《せきそうけいしょ》（唐　八〇七〜八八八）
俗姓は陳氏、吉州（江西省）新淦の人。十三歳、洪州西山紹鑑禅師によって落髪。二十三歳、嵩山で受具。遊学の途次潙山に到り米頭をつとめ、のち道吾山にいって咨参し、道吾円智より得法の後、潭州石霜山に住して二十年、宗風を挙揚した。勅諡して普会大師、見相の塔という。

石霜楚円《せきそうそえん》（宋　九八六〜一〇三九）
俗姓は李氏、全州（広西省）の人。二十二歳、湘山（広西省）隠静寺において出家したが、汾陽善昭の道望を聞いて遂に咨参した。居すること二年、よく働いたが汾陽は何んの教示もしなかったので、ある日汾陽に訴えたところ汾陽は熟視し罵って「是の悪知識敢えて我を裨販す」と、怒って杖を挙げ之を逐ったので石霜が「助けてくれ」と言おうとしたとき、汾陽は石霜の口を押えたので石霜が大悟した。のち袁州（江西省）南源山等に歴住するが、以後の事情は本文にくわしい。勅諡して慈明禅師という。

葉県帰省《せっけんきせい》（宋　九五〇頃〜一〇二〇頃）
俗姓は賈氏、冀州（河北省）の人。弱冠にして易州（河北省）保寿院に依って出家受具、のち遊方して首山省念に参じた。山一日竹篦《しっぺい》を挙げ問うて曰く「喚んで竹篦と作さば即ち触る、喚んで竹篦と作さざれば即ち背く、喚んで甚麼《なに》とか作さん」。師掣得し地上に擲《なげう》って曰く「是れ甚麼ぞ」。山曰く「瞎《めくら》め」。師ここにおいて大悟し、のち汝州（河南省）葉県広教院に化門を開いた。

雪峰義存《せっぽうぎそん》（唐末五代　八二二〜九〇八）
俗姓は曽氏、泉州（福建省）南安の人。十七歳にして莆田県玉澗寺の慶玄律師について落髪した。のち禅席を咨参し「九たび洞山に上り三たび投子に到る」という。徳山宣鑑の棒下に大悟し、福州雪峰山の崇聖禅寺に住して宗風を振るう。勅して真覚大師という。

漸源仲興《ぜんげんちゅうこう》（唐　八一〇頃～八七〇頃）
道吾円智の法嗣、機縁は本文にくわしい。道吾の法を嗣いだ後、潭州漸源山に入って後学を導いた。

天童如浄《てんどうにょじょう》（南宋　一一六二～一二二七）
俗姓は兪氏、越州（浙江省）の人。十九歳より諸方の叢林を遊歴し、雪竇智鑑《せっちょうちかん》より得法の後、建康府（江蘇省）清涼寺、台州（浙江省）瑞岩寺、杭州（浙江省）浄慈寺等に遷住したが、嘉定十七年（一二二四）詔によって明州（浙江省）天童山景徳寺に住した。その法を嗣ぐことになる道元禅師が参じたのは、その翌年のこと。

道吾円智《どうごえんち》（唐　七六九～八三五）
俗姓は張氏、豫章（江西省）海昏の人。幼にして京に入り涅槃和尚について受戒したが、誓って禅門を叩いて薬山惟儼に法を得し、のち潭州（湖南省長沙府）道吾山に入って後学を撫育した。伝は祖堂集、景徳伝灯録等にある。勅諡して修一大師、宝相の塔という。

投子義青《とうすぎせい》（宋　一〇三二～一〇八三）
俗姓は李氏、青州（山東省膠東道）の人。幼にして出家し、博く教相につうじ、殊に華厳をよくした。のち長盧蔣山、浮山法遠等に参じ、法遠は大陽警玄の密嘱を受けた頂相皮履直裰を投子に代付した。のち請せられて舒州白雲山海会禅院に晋住上堂して大陽法乳の恩にむくいた。居ること八年にして元豊三年（一〇八〇）投子山勝因禅院に移った。伝は舒州投子山妙続大師語録、建中靖国続灯録等にある。

洞山良价《とうざんりょうかい》（唐　八〇七～八六九）
俗姓は兪氏、越州諸暨《しょき》の人。少にして村院に投じたが、その師は早くからその法器を見抜いて五洩山《ごせつざん》霊黙禅師に参ぜしめた。二十一歳嵩山にて具戒し、南泉、潙山を尋ね雲巌曇晟より得法した。行脚のあと豫章（江西省）高安の新豊洞に入り洞山広福寺を建立し演法した。伝は宋高僧伝、祖堂集、景徳伝灯録等にある。勅諡して悟本大師、慧覚の塔という。

百丈懐海《ひゃくじょうえかい》（唐　七四九～八一四）

俗姓は王氏、福州長楽の人。二十歳で西山慧照について出家し、南岳の法朝律師に受具し、馬祖道一に参じて嗣法した。洪州百丈山の大智寿聖禅寺の開祖となって化門を振い、また初めて禅門の規範（百丈古清規《こしんぎ》）を作った。伝は宋高僧伝、祖堂集、景徳伝燈録等にある。勅諡して大智禅師、大宝勝輪の塔という。

浮山法遠《ふざんほうおん》（宋　九九一〜一〇六七）
俗姓は沈氏、鄭州（河南省）の人。出家の後、汾陽善昭等に歴参し、葉県帰省に印可を受けた。吏事に通暁していたので遠録公と呼ばれたという。のち舒州浮山に法門を揚げた。勅諡して円鑑禅師という。

芙蓉道楷《ふようどうかい》（宋　一〇四三〜一一一八）
俗姓は崔氏、沂水《ぎすい》（山東省）の人。京師（河南省）術台寺に得度し、のち白雲山海会寺の投子義青に参じて得法す。郢州《えいしゅう》（湖北省）大陽山、京師の十方浄因禅院等を歴住したが、紫衣及び定照禅師号を賜ったのを固辞したかどで、淄州《ししゅう》（山東省）に流された。一年にして赦され、故郷に近い芙蓉湖の地に庵を結んで居し祇園の正儀を慕ったという。伝は禅林僧宝伝、五灯会元等にある。

報恩玄則《ほうおんげんそく》（五代　年代不詳）
滑州（河南省）衛南の人。初め白兆山志円に参じ、のち法眼文益の法会に投じ、三年にして大事を発明す。尋で金陵（江蘇省）の報恩院に住し宗風を挙揚した。

宝智休静《ほうちきゅうじょう》（唐　年代不詳）
洞山良价の法嗣。京兆華厳寺に住す。後唐の荘宗に召されてその玄風大いに振い、門徒三百人と称される。勅諡して宝智大師。

保福本権《ほふくほんごん》（宋　年代不詳）
臨漳（河南省）の人。晦堂祖心より得法の後、漳州（福建省）保福山に演法した。機縁は本文にくわしい。伝は五灯会元、続伝灯録等にある。

末山了然尼《まっさんりょうねんに》（唐　八〇〇頃—八七〇頃）
洪州の人、高安大愚の法嗣。筠州（江西省）末山の定林寺に法門を挙揚した。

無著文喜《むじゃくぶんき》（唐　八二一〜九〇〇）
嘉禾（浙江省）御児の人。朱氏の出身。会昌沙汰の法難にあって一時還俗して韜晦したが、咸通三年

（八六二）洪州観音院に仰山慧寂の法門を咨参して了悟し、のち千頃山（浙江省）に住し、また銭王に請せられて杭州の龍泉院に住し、紫衣ならびに無著禅師の号を賜った。伝は景徳伝灯録等にある。

薬山惟儼《やくさんいげん》（唐　七四五～八二八）

俗姓は韓氏、絳州《こうしゅう》（山西省新絳県）の人。十七歳で西山慧照法師のもとで出家し、二十九歳のとき南岳に往き、衡岳寺希澡律師について受具した。のち石頭希遷のところに往き、ついに法を嗣ぐ。薬山がある時、一処で坐禅していたところ石頭が問うた「你這裏に在りて什麼《なに》をか作す」、薬山曰く「一切為さず」、石頭曰く「与麼ならば即ち閑坐なり」、薬山曰く「閑坐ならば即ち為すなり」、石頭曰く「你為さずと道《い》ふ、箇の什麼をか為さざる」、薬山曰く「千聖も亦識らず」と。これを「惟儼不為《ふい》」といい、坐禅の幽邃なるを示した。石頭を辞して澧州（湖南省武陵道澧県）芍薬山に住して宗風を振った。伝は祖堂集、宋高僧伝、景徳伝灯録等にある。勅諡して弘道大師、化城の塔という。

楊岐方会《ようぎほうえ》（宋　九九二～一〇四九）

袁州宜春県、冷氏の出身にして、瑞州（江西省）九峰に出家したが、のち石霜楚円について得法した。袁州楊岐山普通禅院、潭州雲蓋山海会寺等に歴住した。臨済宗楊岐派（今の日本の臨済禅はすべてこの系統）の派祖とされる。伝は五灯会元等にある。

龍翔士珪《りゅうしょうしけい》（宋　一〇八三～一一四六）

俗姓は史氏、成都（四川省）の人。初めに大慈宗雅に依り楞厳経に心酔すること五秋を逾ったが、南遊して諸尊宿に謁し、龍門の仏眼清遠に参じて法を嗣ぐ。機縁語句は本文にくわしい。政和の末に和州（安徽省）の天寧寺に出世し、しばしば名刹に遷住した。伝は続伝灯録等にある。

臨済義玄《りんざいぎげん》（唐　八六七没）

俗姓は邢氏、曹州南華の人。黄檗希運より得法の後、鎮州（河北省）子城の南東、滹沱《こだ》河の畔に臨済禅院を構えて演法した。中国臨済宗の祖とされる。勅諡して慧照大師、澄霊の塔という。伝は宋高僧伝、景徳伝灯録等にある。

【中国唐宋時代の禅祖師法系図】

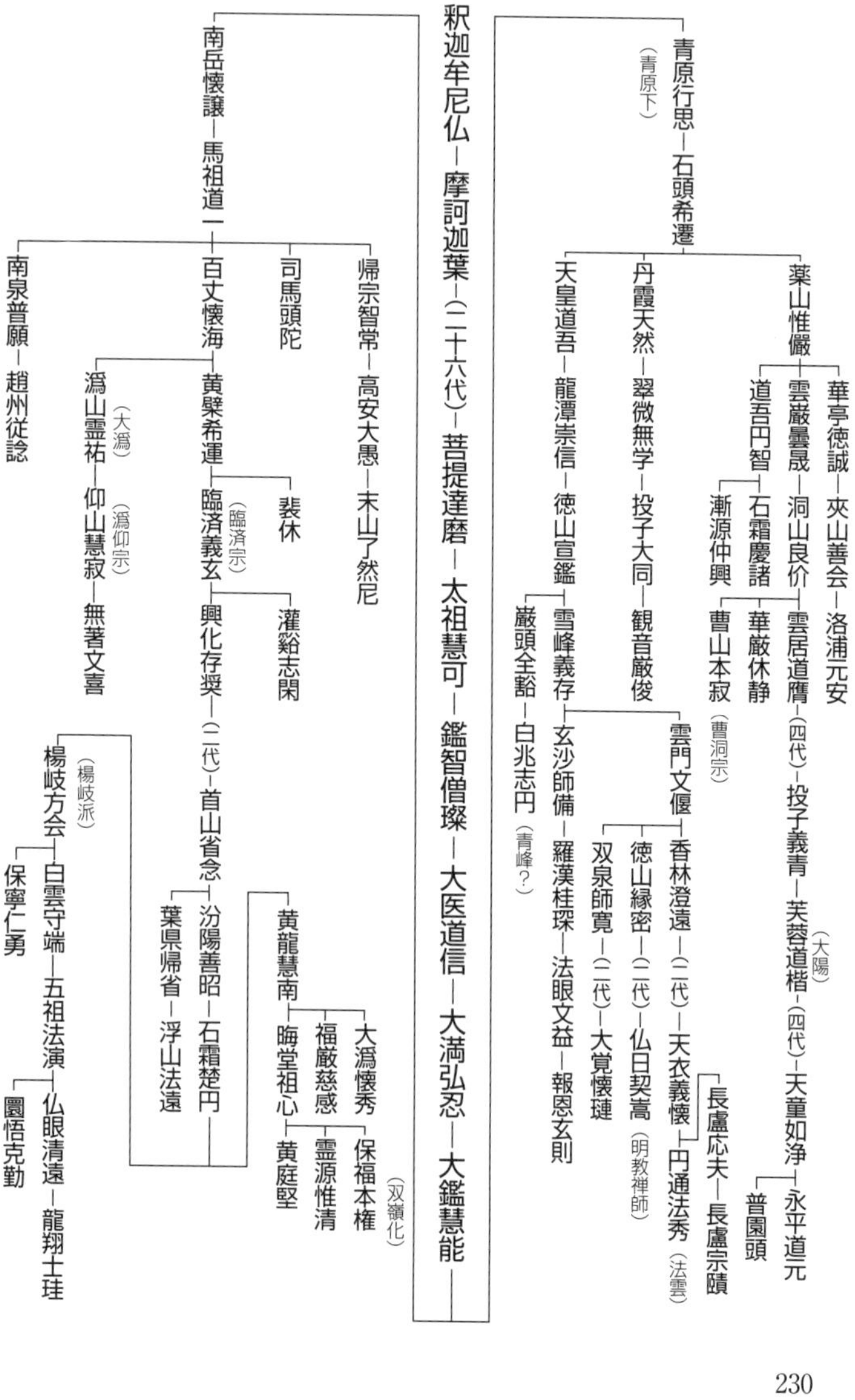

【中国唐宗時代の禅宗地盤】

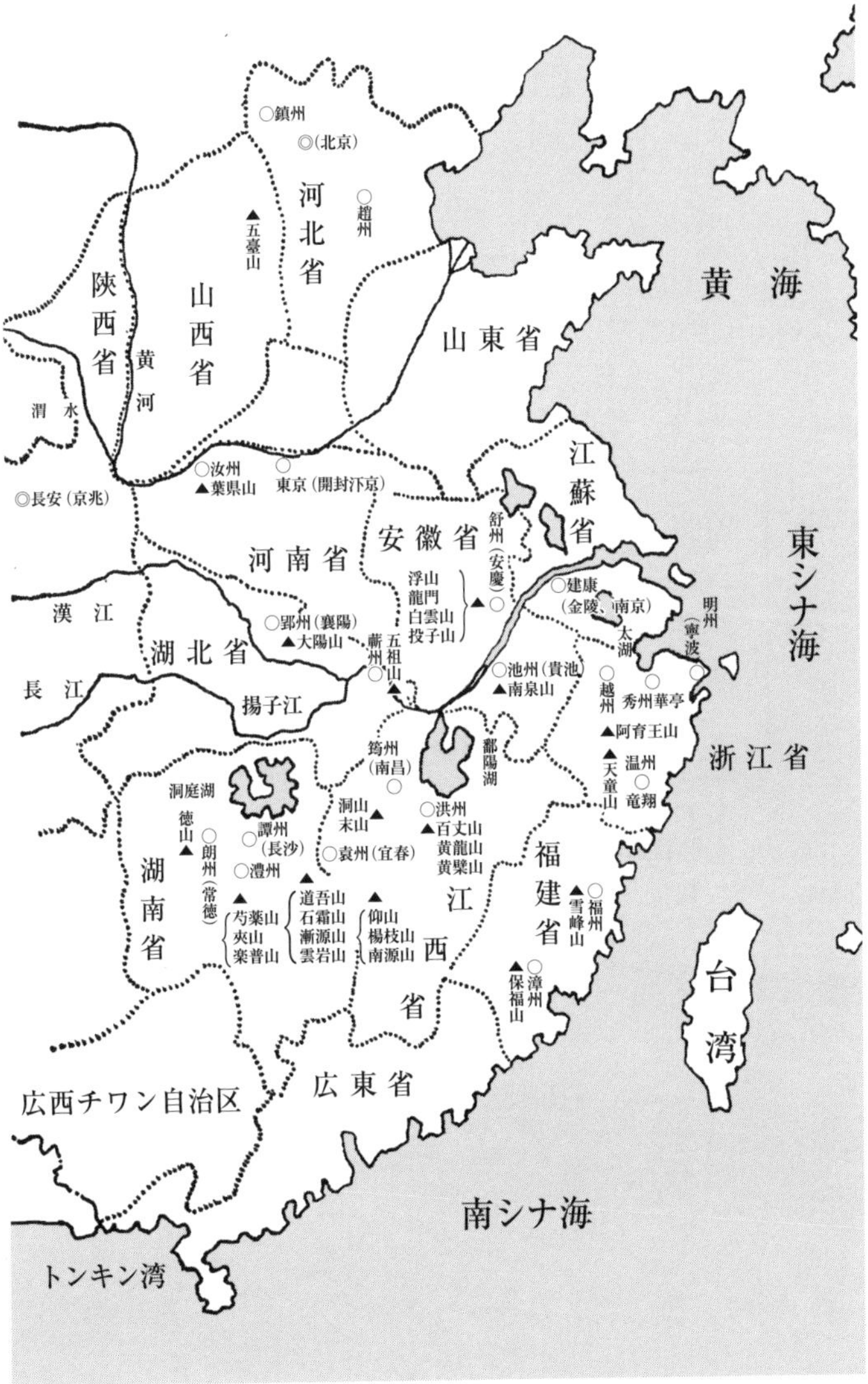

【七堂伽藍図】

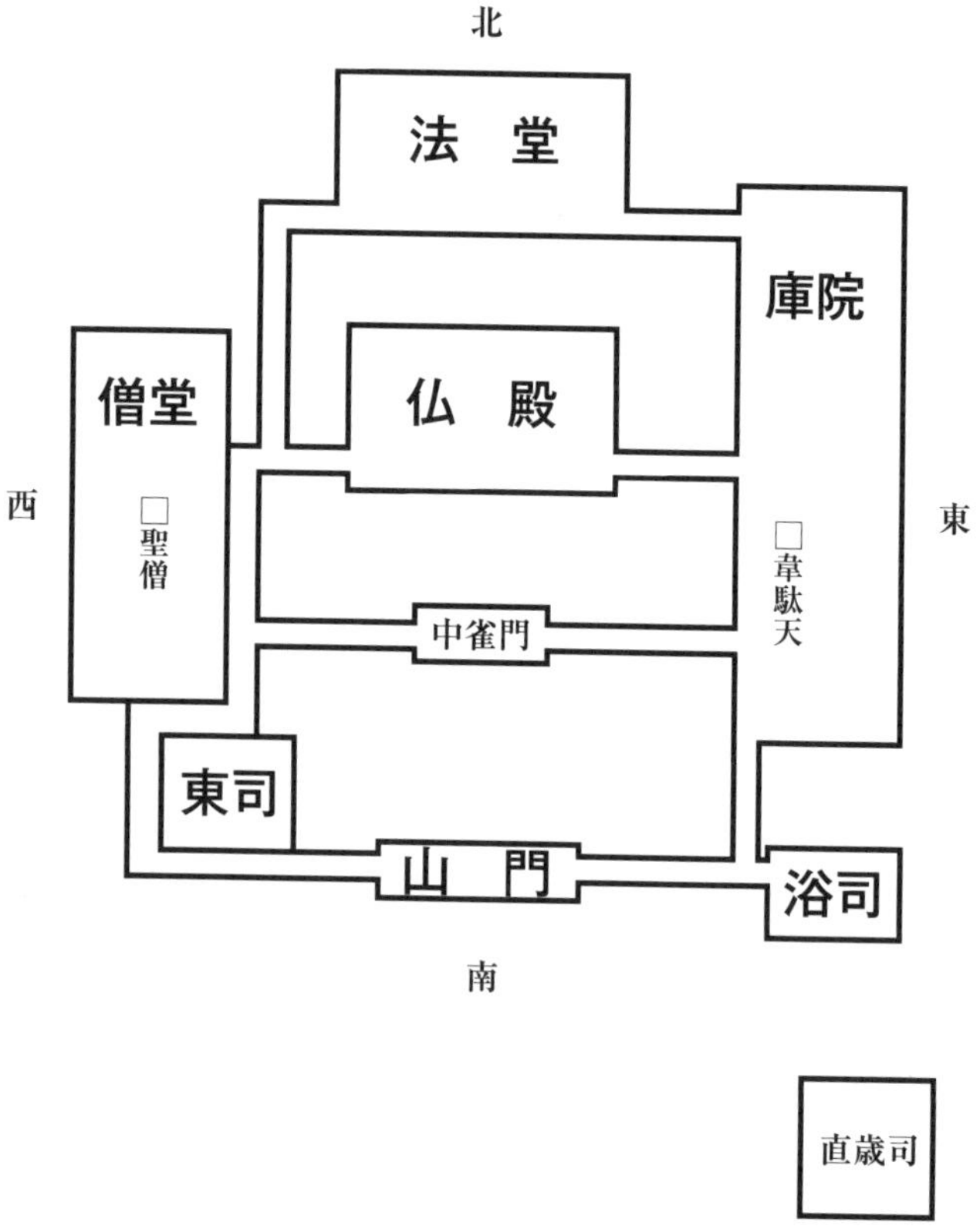

【僧堂図（十二板）】

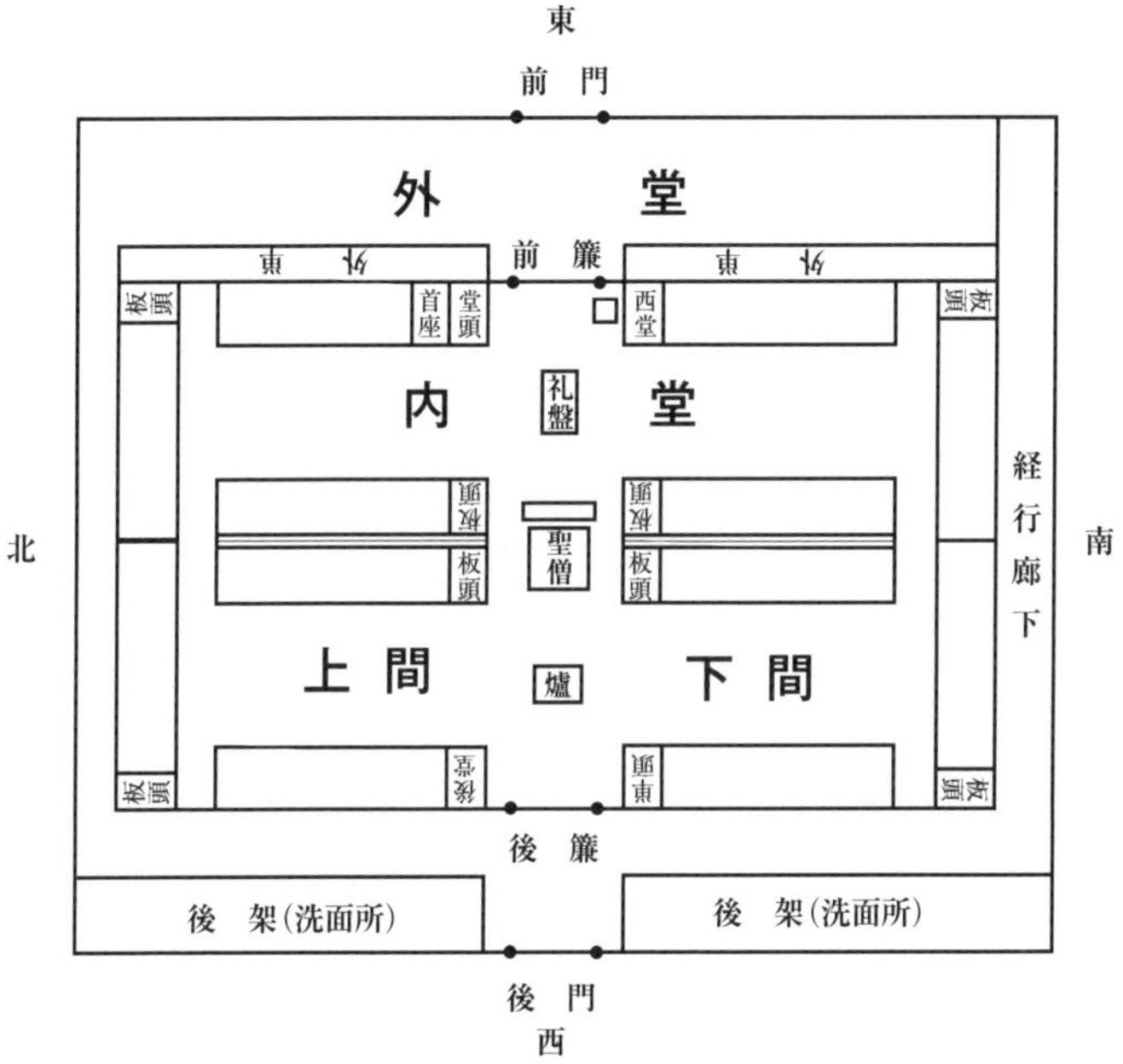

あとがき

関口　道潤

平成二十六（二〇一四）年三月十三日は本師内山興正老師十三回忌にあたります。また同じく十二月二十一日は師翁澤木興道老師五十回忌に遭遇します。この年を迎えて、先師の暖皮肉《だんぴにく》が復刻され、多くの同行《どうぎょう》の人に読まれますことをこの上ない喜びとします。

京都市北区大宮玄琢町にあった紫竹林安泰寺は無認可の僧堂でした。ですからここに幾ら長く在籍しても何の資格も授与されず、小遣い銭や報酬もありませんでした。そこでは、ただ坐禅と托鉢《たくはつ》、老師の法益《ほうやく》と薪《まき》わり、畑仕事、掃除、典座《てんぞ》当番などの地味な生活でした。老師はまたそんな生活のなかで、「出家した」なんて偉そうなことを考えないで、むしろ世の中から「見捨てられた」つもりで、「貧しく乏《とぼ》しく黙って十年坐れ！」……そんな生活をしていたら誰でも必ず「他人との兼ね合いなし」の「自己ぎりの自己」に出逢わざるを得ないとも教えました。

『生命の働き―永平知事清規《えいへいちじしんぎ》を味わう』は昭和四十五（一九七〇）年十一月から同四十六年五月まで、京都市安泰寺において、堂頭《どうちょう》内山老師が山内の修行者および一般の参禅者のために提唱された『日本国越前永平寺知事清規』の録音を基にして編集された提唱録に、老師が少し手を加えたものです。

提唱の講本は、福岡県瑞石寺住職（現・福岡市博多区明光寺住職）本多迪冨老師が古田梵仙増註本を底本として謄写版印刷して施本としたものですが、編集にあたっては、寛文本を底本として校合した岩波文庫本にしたがい、書き下しについては、更に寛政本を底本としている曹洞宗宗務庁版をも参考にし、提唱文と差悞《さご》のないように配慮しました。

また従来の版には『知事清規』の原文書き下しが、提唱録に収録されていない部分についても掲載されていましたが、今回は編集の都合で割愛しました。

その初版は昭和四十七（一九七二）年九月二十五日、東京の柏樹社から『生命の働き―知事清規を味わう』として刊行され、その後昭和六十二（一九八七）年一月、新装版『いのちの働き―知事清規を味わう』として、柏樹社から再刊されました。それから二十七年を経過し、今回、東京の大法輪閣から改訂版『いのちの働き―知事清規を味わう』として復刻されることになりました。この改訂版の刊行にあたっては私の法弟である新潟県五泉市在住の櫛谷宗則さんが、大法輪閣編集部小山弘利氏と協力し、鋭意、原文の再校訂や吟味を加えてくれました。ここに改めて渾身からの謝意を表明いたします。

「生命の実物を生きる」とは内山興正老師が生涯いい続けた言葉です。私たちは、いつでも誰でも生命の実物を生きていることは事実ですが、進んで「生命の実物を生きる」ことを見失わず、実際に「生命の実物を生きる」ことをネライつつ実行することが大切で、それは具体的には坐禅することだと教えています。その「生命の実物を生きる」とは別な言葉で表現すれば老師は「出逢うところわが生命」であるとも話しておりました。

また老師は常々「一所懸命」という言葉を口にしていました。それは「一生懸命」ではなく、「一所に命を懸ける」ことなのでした。具体的にいえば、自分が現に出逢っているところの物でも人でも、その出逢うところを我が生命の分身として、自他の隔てなく、心を通わせ、思いを到らせる……いたわる心でなければならないことでした。

そのためには坐禅をするだけではなく、修行者の集まりである叢林《そうりん》＝修行道場での具体的な役割を通して、生きて働く「生命の実物」に出逢わなければならないと教え、道元禅師の主要な著書である『正法眼蔵』を学ぶのと同時に、禅師のもう一つの重要な著述である『永平清規』を大切にしなくてはならないと教えました。そこで内山老師は坐禅とともに知事・頭首《ちょうしゅ》などの役職を通して、「生命の実物」を修行道場での具体的な日常生活における「生命の働き」に還元されなければならないと強調されました。

末尾にもう一つ老師のエピソードを添えることをお許しください。

老師は私が京都安泰寺で修行していたころ、幾たびも「これからの坐禅は新しい時代の世界をリードしてゆく力になることは間違いない。道潤さんも英語かフランス語を習って、アメリカかヨーロッパに行かないか?」と何回も勧めていただきました。そんな師匠ですので、私の兄弟弟子の大半はアメリカ、フランス、ドイツ、イタリアなどに出かけて行きました。それなのに私は頑《かたく》なに日本国内に留まり、四十歳代後半には石川県にある總持寺祖院《そうじじそいん》の単頭や金沢市大乗寺専門僧堂の兼任講師をしていました。そのため私は常々内山老師に対して申し訳なく思っていたので、そのことを直接、話せませんでした。ところが、私が専門僧堂に在籍していることを風の便りで知った老師は、ある年の正月、年頭のあいさつに訪れた京都府宇治市木幡の能化院《のうけいん》で「道潤さんは總持寺祖院の僧堂にいるんだって聞いたけど、大事に勤めてください。僧堂教育というのはこれからの坐禅後継者を育てる大切な仕事なんだから」と励ましてくれました。私はその後も静岡県可睡斎《かすいさい》、福岡県明光寺《みょうこうじ》などの専門僧堂に身を置くこと

になりましたが、そこでも安泰寺で学んだ『知事清規』の精神である

知事の心術は、住持の心術と同じ。仁義を先とし、柔和を先とし、雲衆水衆に大慈大悲ありて、十方を接待し、叢席を一興す。

の言葉を肝に銘じ、必ずこの『永平知事清規』の講義を続けて参りました。しかしそんななかでも欧米行きの老師の要請を拒んだ私自身は複雑な思いをもち続けていました。ところが、古稀を迎えた平成二十七年四月、曹洞宗管長江川辰三禅師の慈慮をいただき、ヨーロッパ国際布教総監部の布教師としてパリに赴き、ヨーロッパの坐禅修行仲間と共に、残りの生涯を捧げることとなりました。これは江川禅師の慈慮であるとともに大寂定中の本師道融興正大和尚の冥慮であったように思われます。

平成二十六年十二月二十一日

一宮市恵林寺にて

内山　興正（うちやま・こうしょう）

明治45年、東京に生まれる。早稲田大学西洋哲学科を卒業、さらに2年間同大学院に在籍後、宮崎公教神学校教師となる。昭和16年、澤木興道老師について出家得度。以来坐禅修行一筋に生き、昭和40年、澤木老師遷化の後は、安泰寺堂頭として10年間弟子の育成と坐禅の普及に努める。平成10年3月13日、示寂。

著作は数多く、英独仏伊語などにも訳されている。主著に『正法眼蔵―行仏威儀を味わう』『正法眼蔵―坐禅箴を味わう』『生存と生命』『御いのち抄』（以上、柏樹社）『ともに育つこころ』（小学館）『禅からのアドバイス』『いのち樂しむ―内山興正老師遺稿集』『坐禅の意味と実際―生命の実物を生きる』『自己―ある禅僧の心の遍歴』『普勧坐禅儀を読む―宗教としての道元禅』『宿なし興道法句参―澤木興道老師の言葉を味わう』『正法眼蔵―八大人覚を味わう』『正法眼蔵―現成公案・摩訶般若波羅蜜を味わう』『正法眼蔵―生死を味わう』『正法眼蔵―仏性を味わう』『観音経・十句観音経を味わう』『内山興正老師いのちの問答』（以上、大法輪閣）etc。

〈改訂版〉いのちの働き
―知《ち》事《じ》清《しん》規《ぎ》を味わう

平成27年2月10日　改訂版第1刷発行 ©

著　者　内　山　興　正
編　者　関　口　道　潤
発行人　石　原　大　道
印刷・製本　三協美術印刷株式会社
発行所　有限会社　大法輪閣
東京都渋谷区東2－5－36　大泉ビル2F
TEL　(03) 5466－1401（代表）
振替　00130－8－19番
http://www.daihorin-kaku.com

ISBN978-4-8046-1370-3　C0015　Printed in Japan